LE PRIX DU BERCEAU

DES MÊMES AUTEURS

Église
La mécanique du silence
(avec Mathieu Martinière)
J.-C. Lattès, 2017

DAPHNÉ GASTALDI
MATHIEU PÉRISSE

LE PRIX DU BERCEAU

Ce que la privatisation des crèches fait aux enfants

ÉDITIONS DU SEUIL
57, rue Gaston-Tessier, Paris XIXe

ISBN 978-2-02-153498-6

www.seuil.com

AVANT-PROPOS

Les bébés ne parlent pas, ou si peu. Quel enfant ira raconter qu'il n'a été accueilli que par deux professionnelles au lieu des trois habituelles ce matin-là ? Ou qu'il s'est réfugié dans des siestes à rallonge pour échapper un peu au tumulte d'une crèche débordée ? Quel nourrisson pourrait comprendre que sa couche est restée souillée plus longtemps qu'il ne faut ?

Ces enfants silencieux sont pourtant l'essence qui alimente une industrie de la petite enfance florissante depuis une vingtaine d'années en France. Ils en sont aussi les premières victimes lorsque ce système atteint ses limites. Ce livre a d'abord pour but de leur donner la parole.

Nous sommes allés regarder derrière les jolies vitrines des « Tiloulous », des « Fées Papillons » et autres « Bulles de coton ». Des noms doux, rigolos, qui sentent bon la pédagogie innovante, l'apprentissage bilingue et les repas bio, toujours dans le respect du rythme de l'enfant. Souvent le rendu est fidèle aux promesses des prospectus. Grâce à un personnel dévoué, bienveillant, soucieux d'offrir le meilleur à « la prunelle des yeux » de tout parent. Mais parfois la photo est ratée. C'est alors un univers inquiétant qui émerge entre les jouets bariolés et les crayons pastel : un monde de cadences infernales, dans lequel les salariés – des femmes, pour l'essentiel – triment. Un monde de bébés trop nombreux pour des bras déjà trop chargés. Avec son lot de petites résignations ou de grandes maltraitances.

Au départ d'une enquête, il y a souvent un déclic. Le nôtre est facile à dater : le 22 juin 2022, un enfant est tué dans une crèche du groupe People&Baby du IIIe arrondissement de Lyon. Une salariée a fait ingérer à un bébé de onze mois de la soude caustique, un produit pour déboucher les canalisations. L'enfant décédera quelques heures plus tard. Mise en examen pour homicide volontaire et auditionnée par la police, l'employée dira avoir *« pété un plomb »*, comme le relate France Info. L'enquête est toujours en cours à l'heure où nous bouclons ce livre. Mais l'affaire a créé un tsunami dans le monde de la petite enfance. *« On est nombreux à s'être dit : ça aurait pu se passer dans ma crèche »*, nous confiera plus tard une directrice.

Quelques semaines après le drame, le site d'investigation *Mediacités*, avec lequel nous collaborons très régulièrement, nous permet de lancer un appel à témoignages sur le sujet des crèches. En quelques jours, plus de 130 personnes nous écrivent. *« Il est temps d'en dire plus sur ce secteur qui n'a rien de "mignon" »*, commence l'une d'entre elles. *« Dénoncer un seul groupe de crèches, c'est passer à côté du problème !* » nous alerte un spécialiste. « *Les crèches sont sans cesse surbookées* », se plaint une autre. « *Il y a toujours trois à quatre repas en moins* », surenchérit une salariée. Plus d'une centaine d'interviews réalisées pour rédiger ce livre viendront compléter ce premier aperçu.

Beaucoup de professionnelles contactées ont navigué entre plusieurs grands groupes privés et des crèches municipales ou associatives. La plupart s'accordent sur un point : les dysfonctionnements existent partout, mais la quête du rendement est bien plus importante chez les premiers. « *Dans une crèche publique, il y a aussi des exigences, mais on cherche d'abord l'équilibre, pas le profit* », résume le directeur d'une crèche municipale de la banlieue lyonnaise, passé par l'un des leaders privés du secteur.

De quoi parle-t-on lorsque l'on évoque les crèches ? Un petit rappel des chiffres s'impose. En 2021, 6 enfants sur 10 étaient gardés la majeure partie du temps par leurs parents, les grands-parents ou d'autres membres de la famille. Le reste se divisait à peu près à parts égales entre les assistantes maternelles (20 %) et les « établissements d'accueil du jeune enfant » (EAJE), c'est-à-dire « les crèches » en langage administratif (18 %), selon les derniers chiffres de la Caisse nationale d'assurance maladie.

La France manque de berceaux. Les crèches sont un mode de garde plébiscité par les familles, mais beaucoup n'accèdent pas au Graal tant recherché. Le Haut Conseil de la famille, de l'enfance et de l'âge, qui a recensé les statistiques publiques disponibles dans ce domaine, estime qu'il manque aujourd'hui près de 200 000 places sur le territoire. La pénurie ne date pas d'aujourd'hui. Tous les cinq ans, l'État et la Sécurité sociale annoncent des plans sans lendemain : sur les 100 000 places prévues pour la période 2013-2017, seules 58 600 ont vu le jour. De 2018 à 2022, l'objectif était nettement moins ambitieux, avec 30 000 créations programmées, mais il n'a été atteint qu'à moitié. En dix ans, malgré ces résultats en demi-teinte, la France a tout de même créé presque 100 000 nouvelles places.

En 2021, la France comptait environ 493 000 places en crèche. Plus de la moitié est gérée directement par des collectivités locales, les mairies pour l'essentiel. 1 sur 5 est une crèche associative. Et près d'un quart est issu du secteur marchand. Autrement dit : environ 115 000 places sont aujourd'hui gérées par des entreprises privées à but lucratif. Une ascension fulgurante pour des entreprises qui n'existaient pas il y a encore vingt ans.

Au fil des témoignages, des professionnelles de ces entreprises nous parlent de *« bétaillères »* ou d'*« usines à bébés »*. Du sentiment de travailler à la chaîne. Des 10 enfants à changer en quinze minutes, des repas insuffisants, des dortoirs trop exigus. D'autres évoquent des maltraitances plus directes, observées sur le terrain : un enfant enfermé dans une pièce ici. Là, un autre oublié dans le dortoir pendant quatre heures. Des insultes ou des violences dans les cas les plus extrêmes.

Surtout, beaucoup font ce même constat de crèches en sous-effectif, sommées de repousser à plus tard les activités pédagogiques promises par les gestionnaires, pour fonctionner à flux tendu. « *Quand il manque trois salariées sur le terrain, on oublie les belles animations qu'on aimerait mettre en place et on se concentre sur le minimum vital* », lâche Julie*[1], une directrice encore en poste, passée par People&Baby, Babilou et La Maison Bleue.

Pour gagner quelques pourcentages de marge, des entreprises de crèche se livrent à une course au remplissage permanente, ne remplacent pas les personnels absents, économisent sur les achats de fournitures ou de matériel... C'est cette pression économique et les risques, graves, qu'elle entraîne pour les enfants que nous avons cherché à documenter dans les pages qui suivent.

Pendant longtemps, les entreprises ont été bloquées à la porte des crèches. Ce n'est qu'au début des années 2000, en particulier pendant le dernier mandat de Jacques Chirac, que le gouvernement a mis en place d'alléchantes incitations financières et fiscales pour pousser le secteur privé à investir dans la petite enfance. L'objectif a été atteint. Ces dix dernières années, l'essentiel des quelque 90 000 nouvelles places créées est venu du secteur marchand, passé de 11 % de « parts de marché » en 2013 à 24 % aujourd'hui.

1. Tous les noms suivis d'un astérisque ont été modifiés pour préserver l'anonymat de nos interlocutrices et interlocuteurs *(NdA)*.

Dans le même temps, les collectivités et les associations ont perdu des places. Et la tendance devrait se poursuivre.

Les crèches sont désormais une industrie au sein de laquelle quelques groupes privés se sont taillé des empires. Quatre entreprises dominent le secteur : le groupe Grandir-Les Petits Chaperons Rouges, Evancia-Babilou, La Maison Bleue et People&Baby. Adossées à des fonds d'investissement pour certaines d'entre elles, elles gèrent des milliers de berceaux, qu'il s'agit de créer ou d'acheter à d'autres au plus vite, de remplir, de commercialiser, d'optimiser. Avec, comme variable d'ajustement, les conditions de travail des professionnelles et l'intérêt de l'enfant, qui s'effacent derrière les lignes budgétaires. *« À la fin, je voyais des dollars au-dessus de la tête des enfants »*, regrette Cassandra*, une ancienne directrice de crèche Babilou en Île-de-France en nous montrant les tableurs Excel qu'elle utilisait lorsqu'elle était en poste. Dans ce monde, des employées de crèche payées au Smic, en sous-effectif, de moins en moins formées, sont sommées de faire tourner leurs structures en surrégime. Si possible sans trop se plaindre.

Ces empereurs des berceaux sont en pleine gestion de crise. Pour la rédaction de ce livre, nous avons proposé aux quatre plus grands groupes des entretiens en longueur afin qu'ils puissent nous donner leur point de vue sur l'évolution du secteur. Seule La Maison Bleue a accepté. Les Petits Chaperons Rouges, Babilou et People&Baby se sont contentés d'une réponse par e-mail. Chacun craint de devenir le « prochain Orpea », le groupe à l'origine du scandale des maisons de retraite.

La montée en puissance de ce secteur commercial doit autant au dynamisme des entreprises de crèches qu'à l'apathie de la puissance publique. Alors qu'elles sont les principales organisatrices de la petite enfance, les collectivités locales ont fait face à une diminution drastique de leurs dotations financières et rechignent donc à investir dans des crèches, de peur de plomber leur budget. Dans ce contexte, cette montée en puissance du privé est autant un symptôme du désengagement des pouvoirs publics qu'une aubaine pour des mairies sans le sou.

En avril 2023, alors que nous avançons dans notre enquête, un rapport de l'Igas, l'Inspection générale des affaires sociales, vient confirmer nos observations. Saisis par le gouvernement après le drame de Lyon, ses inspecteurs ont visité des dizaines de crèches, procédé à des centaines d'auditions et récolté près de 2 000 témoignages de maltraitances, via un questionnaire. Sur près de 300 pages, ils dressent un tableau édifiant de l'état des crèches collectives françaises, publiques, associatives ou privées. Si la majorité des établissements offrent un accueil de bonne qualité, rappellent-ils, cette qualité est *« particulièrement hétérogène »* et peut être *« très dégradée »* dans certaines crèches. Ils documentent surtout une *« maltraitance institutionnelle »* bien installée.

Le manque de personnel qualifié, le taux d'encadrement insuffisant et la surcharge de travail qui en découle sont au cœur des critiques. « *J'ai souvent été seule en présence d'une dizaine d'enfants* », témoigne une professionnelle dans le rapport. Selon l'Igas, la norme actuelle – 1 professionnel pour 5 enfants qui ne marchent pas et 1 pour 8 enfants qui marchent – « *ne répond pas aux standards dégagés par le consensus scientifique, et ne permet pas à ce jour de garantir un accueil de qualité* ». Ces conditions de travail dégradées constituent « *un risque de premier plan* » en entraînant des « *dérives dans les pratiques professionnelles* », estime l'Igas. Parmi ces dérives : un rythme de travail « *à la chaîne* », une « *banalisation de faits de violence* » ou un « *manque d'identification des circuits d'alerte* ».

Ce rapport ne vise pas seulement le secteur marchand. Il souligne aussi l'existence de « *logiques de rentabilité qui semblent transformer l'activité en gestion de flux* » et peuvent avoir pour effet de « *limiter la réponse aux besoins de l'enfant dans des logiques économiques (pression pour limiter le nombre de couches ou de gants utilisés par jour, quantité insuffisante de l'alimentation…)* ».

La charge est violente. Elle interroge deux décennies de réformes des gouvernements successifs, censées « alléger » les contraintes qui pèsent sur les crèches et faciliter la création de places ou le recrutement de personnel. En ouvrant grand la porte au secteur privé, les gouvernements ont donné le signal de départ d'une course folle, au terme de laquelle ni les enfants ni les salariés qui s'en occupent ne risquent de sortir gagnants. À l'heure où nous bouclons ce livre, les arbitrages sur un futur « service public de la petite enfance », qui inclura le secteur privé, sont en train d'être rendus par le gouvernement. L'occasion, peut-être, de se poser la question : les enfants sont-ils un business comme un autre ?

1

Moins d'un repas par enfant

Son téléphone vibre. Une première réponse. Un peu plus tôt, ce 19 janvier 2023, Doris Vallejo a enfin osé laisser un message sur le groupe WhatsApp des parents de la crèche Couperigne des Petits Chaperons Rouges à Vitrolles (Bouches-du-Rhône). Une question qui la taraude depuis des semaines. « *Quand je récupère ma fille le soir, sans exagérer, elle meurt de faim !* » s'inquiète la mère de famille, commerciale dans la vente de fenêtres. « *Je voudrais savoir si vous aussi ?* » Les réponses ne vont pas la rassurer sur la qualité des repas servis dans cette crèche de 54 berceaux, située dans la zone industrielle de Couperigne, près de l'aéroport de Marignane et d'Airbus Helicopters, au bord de l'étang de Berre. « *Je récupère mon enfant le soir et il prend un deuxième goûter. Et c'est tous les jours. Pourtant, on ne le récupère pas tard* », écrit une autre mère. « *Ce n'est pas bon, la qualité laisse à désirer* », répond plus bas une salariée de la crèche.

Quand ils rentrent chez eux, les enfants se jettent sur les placards. Un paquet de gâteaux entier, des biberons…

Les parents que nous avons rencontrés décrivent des bébés qui réclament à manger en sortant de la crèche, plus qu'en temps normal ou durant le week-end. *« Mon enfant avait la faim au ventre »*, nous confirme Jessica Scalerandi, fonctionnaire d'État de trente-deux ans, qui finira par enlever son petit garçon de la crèche quelques mois plus tard. *« J'en ai pleuré pendant une semaine »*, confie-t-elle.

Le 25 janvier 2023, la directrice de la crèche, M. D., reçoit les « parents-relais », l'équivalent des parents d'élèves dans les écoles, dont Jessica. À ses côtés, Lisa Sedjerbi, cheveux discrètement méchés, piercing à l'arcade, est mère d'un petit de presque trois ans et assistante sociale. Elle maîtrise le sujet et n'y va pas par quatre chemins : *« On s'est rendu compte que beaucoup de nos enfants, qui sortent à des horaires différents, ont faim, très faim. Je ne trouve pas ça normal »*, lance-t-elle ce jour-là à la directrice.

La directrice assure avoir fait remonter des non-conformités à la cuisine centrale Ansamble, prestataire des Petits Chaperons Rouges, notamment des « manques de grammage » chez les bébés en ce qui concerne les purées. Elle dit avoir un stock de fruits et de biscuits au cas où et assure que *« peu d'assiettes reviennent vides »*. M. D. se veut rassurante : *« Venez le midi, voir ce qu'on sert en termes de quantités »*, leur assure-t-elle.

Nesrine Baraffe, enseignante dans un collège, la prend au mot et arrive le lendemain midi. Ce jour-là, 8 enfants sont présents, dont sa fille de deux ans et demi. Sur le chariot, sa surprise est grande en découvrant que la barquette ne contenait que « 5 P », soit 5 portions. Elle interroge la directrice, demande à voir le bon de commande des repas du jour. Refus net.

Une ancienne salariée, sous couvert d'anonymat, témoigne : « *Il y avait souvent un manque de repas, c'était atroce. Ça pouvait être une cuillère à soupe par enfant et basta*, raconte-t-elle. *On en parlait à la directrice. Elle disait que c'étaient les consignes, elle en décommandait.* »

Pas démontés pour autant, les parents affichent une pétition à l'entrée de la crèche. « *Un certain nombre de parents de la section des grands récupèrent leurs enfants qui ont encore faim quelle que soit l'heure à laquelle ils les ont récupérés* », précise le texte. Vingt-cinq parents signent en dessous. La directrice ne semble plus assumer et retire l'affiche, selon plusieurs témoignages. De crainte que la pétition reste dans un tiroir, les mères l'envoient à tous les contacts des Petits Chaperons Rouges qu'elles trouvent en ligne, pour les alerter.

Mi-février, la directrice est soudainement absente, remplacée par une directrice « volante » qui pilote plusieurs crèches en même temps. Le 27 février, une réunion chaotique se tient en fin de journée à la crèche, avec notamment la responsable de secteur, la directrice volante et la médecin référente des Petits Chaperons Rouges. Face à la langue de bois des cadres, les parents s'impatientent et réclament la vérité.

Ce n'est que le 16 mars qu'ils auront le fin mot de l'histoire. Le directeur régional Sud-Est du réseau de crèches, Pierre-Bastien Poujol, viendra faire son *mea culpa* et présenter un plan d'action. Il s'engage à « *surstaffer* » pour « *regagner la confiance des parents* » et à travailler sur de meilleures transmissions d'informations en fin de journée. Surtout, il reconnaît que, de septembre à janvier, il manquait « *entre 3 et 5 repas* », deux jours par semaine en moyenne. La responsable de secteur confirme. Elle a analysé laborieusement toutes les commandes des mois précédents, en les croisant avec le nombre d'enfants présents et en distinguant les bébés des enfants qui mangent de façon diversifiée. L'aveu fait tressaillir la petite assemblée de parents présents dans la salle. Les familles savent que l'impact du manque de nourriture sur des enfants en plein développement peut être grave. La révélation qu'un besoin aussi primaire ait pu être négligé les frappe de plein fouet.

Lorsque nous le contactons, le directeur régional des Petits Chaperons Rouges confirme, dans son langage de technicien, « *une absence de cohérence entre les commandes de repas et les enfants présents* ». Tout en rappelant que le groupe gère près de 5 millions de repas, pour ses 800 crèches et plus de 20 000 enfants accueillis chaque jour.

Fondés en 2000, Les Petits Chaperons Rouges (LPCR) se présentent aujourd'hui comme le premier groupe de crèches de France, avec plus de 9 000 collaborateurs. Pierre-Bastien Poujol l'assure, Les Petits Chaperons Rouges ne cherchent pas à faire des économies sur la nourriture des enfants. « *Il s'agit d'une erreur humaine et bien évidemment non systémique puisqu'il est exclusivement le fait d'un manquement professionnel de la directrice de l'établissement de Vitrolles Couperigne* », charge-t-il dans sa réponse. Une enquête interne a été lancée au moment de l'alerte des parents, précise-t-il.

D'ailleurs, la directrice ne reviendra plus. Licenciée au terme de cette enquête. « *Elle ne fait plus partie de nos effectifs* », annonce le cadre régional aux parents. « *C'est peut-être un fusible ?* » s'interroge Lisa. « *Elle a sauté à juste titre. Mais ça ne vient pas que d'elle. Elle avait forcément un intérêt à le faire* », soupçonne-t-elle ouvertement. Sollicitée, l'ex-directrice n'a pas donné suite à nos demandes d'entretien.

Les problèmes ne s'arrêtent pas aux repas. « *On a découvert d'autres dysfonctionnements : des problèmes de sécurité, des portes pas aux normes, un enfant seul qui sortait du dortoir, des professionnelles en souffrance et en arrêt maladie* », énumère Lisa. Sans parler de l'instabilité de l'équipe : au moins 7 professionnelles différentes, des « tatas » comme elles sont surnommées aux alentours de Marseille, passées par la crèche entre mi-février et fin mars 2023, selon notre décompte. Depuis, le groupe assure que les portes ont été mises aux normes. Quant au turnover, l'entreprise estime qu'il montre au contraire « *les efforts de nos équipes RH et les moyens importants mis en place pour retrouver quelqu'un rapidement* » et ne pas laisser un poste vacant. Elle assure que l'équipe est stabilisée depuis.

Face à tant de dysfonctionnements, les parents n'en reviennent pas d'avoir dû mener l'enquête eux-mêmes. *« Pourquoi il n'y a pas eu de contrôle avant ? Qu'est-ce que vous avez fait ? »* s'emporte une mère face aux responsables lors d'une réunion. *« On parle de protection de l'enfance »*, rappelle Lisa le même jour. *« Il y a des lois. Nous, on n'attend pas le fait divers »*, surenchérit-elle, en craignant un accident. Elle les prévient, les choses ne s'arrêteront pas là, et leur annonce la couleur : *« J'irai plus loin, au niveau de la justice. »*

Quelques jours après, dans un compte rendu de réunion daté du 24 mars, la direction reconnaît noir sur blanc le manque de repas. Nous avons pu le consulter, comme l'a fait aussi le journal *La Provence*[1] : d'octobre à décembre 2022, il y a eu 23 repas sur 57 avec des portions insuffisantes. Entre 3 et 5 repas non commandés et, dans le pire des cas, 8 repas manquants. À l'inverse, les quantités commandées certains jours étaient égales ou supérieures au nombre d'enfants, jusqu'à 13 repas supplémentaires. *« L'entreprise ne demande ni ne tolère de commandes inférieures au nombre d'enfants »*, est-il rappelé dans ce document de travail.

Maintenant qu'elle en a la preuve formelle, Lisa Sedjerbi écrit au procureur de la République et à la cellule de

1. « De la "maltraitance" à la crèche Les Petits Chaperons Rouges ? », *La Provence*, 11 avril 2023.

recueil des informations préoccupantes – un dispositif de protection de l'enfance du département – le 27 mars. Elle a déjà prévenu dans le détail la Protection maternelle et infantile (PMI) des Bouches-du-Rhône de divers « *dysfonctionnements en termes de sécurité, de bien-être et d'hygiène sur cette structure* ». La PMI vient inspecter l'établissement à cette période.

« *Nos enfants ont été victimes de malnutrition et d'insécurité compromettant leur développement psychique et physique. Sous prétexte que le problème est "résolu", personne ne prend ses responsabilités antérieures et aucune réponse réelle n'est apportée par le groupe Les Petits Chaperons Rouges. Quelles autres crèches du même groupe sont concernées par ces dysfonctionnements ?* » interroge Lisa à la fin de son courrier au procureur. 16 familles signent la lettre. Fin juin 2023, le procureur d'Aix-en-Provence nous confirme l'ouverture d'une enquête préliminaire dans ce dossier et avoir déjà reçu 9 plaintes « *à ce jour* », dont celles de Lisa et Nesrine.

Face aux lenteurs du groupe, des parents témoignent auprès de BFM Marseille puis dans le journal *La Provence*. Sur TikTok, certains internautes se défoulent : « *Encore LPCR* », « *Il faut aller tabasser tout le monde là-dedans* ». Des clans se forment en ligne. Une mère anonyme s'emporte : « *Elles sont très bien, les tatas, elles subissent la méchanceté des parents.* » Le 3 avril, le directeur écrit aux familles pour déplorer de « *graves menaces* ». Certaines professionnelles ont exercé leur droit de retrait face à la situation, ce qui a conduit à la fermeture ponctuelle de la crèche. Il met en garde les parents rebelles par e-mail : « *Nous vous faisons part aujourd'hui de notre interrogation sur la pérennité de l'accueil de vos enfants au regard de la médiatisation de la crèche et du climat de défiance et de haine déferlant sur les réseaux sociaux.* »

Sur la terrasse du McDonald's où nous rencontrons trois mères mobilisées, Lisa se lève et s'éloigne un peu pour allumer une cigarette. Au fil des semaines, ces femmes qui ne se connaissaient pas se sont soudées. Sur leur « groupe secret » WhatsApp, elles se laissent des vocaux quand elles ont déposé leur enfant à la crèche et qu'elles ont la boule au ventre. Si elles nous parlent aussi ouvertement, c'est que leurs fils et leurs filles ne seront plus à la crèche au moment de publier ce livre à la rentrée 2023. « *On a fait les choses dans l'ordre : on a alerté la directrice, puis le groupe, puis on a fait des réunions. On a dit stop et on est allées devant la justice et à la fin, devant les médias* », raconte Lisa, qui ne comprend pas la réaction de l'entreprise. « *On se bat pour les autres enfants aussi* », lance-t-elle.

L'impact de ce combat est lourd. « *Je vais prendre rendez-vous chez le psy. Je compte les jours qu'il leur reste de crèche. Je suis dans une culpabilité pas possible !* » poursuit Lisa. « *Mais, si demain il arrive quelque chose, je m'en voudrais toute ma vie. On ira jusqu'au bout.* » « *On est passé par des semaines horribles*, rebondit Nesrine, la professeure de mathématiques, en remettant ses lunettes carrées à motif écaille. *Je suis tendue, avec cette histoire. Je faisais des insomnies, ma fille le ressentait.* » Elle n'a pas eu d'autre choix que de laisser son enfant dans la crèche, après l'avoir retirée pendant un mois.

À ses côtés, Doris Vallejo acquiesce. Le 28 mars, elle a fait partie des premières à avoir poussé la porte du commissariat de Vitrolles, pour porter plainte contre la directrice, le groupe et le personnel qui n'a pas dénoncé les faits. Son mari, lui, multiplie les *posts* sur les réseaux sociaux pour alerter l'opinion publique. Comme eux, une dizaine de parents ont fait la démarche, aidés par Jessica Scalerandi qui travaillait dans la police avant. « *J'ai pris contact avec le commissariat. On s'est organisé et j'ai aidé les parents à déposer plainte à tour de rôle* », précise Jessica, l'ancienne « parent-relais » de la crèche. Impossible d'agir de façon isolée. « *On s'attaque à très gros* », reconnaît Doris Vallejo. Mais l'enjeu est important. « *Le manque de repas, c'est comme une maltraitance* », estime-t-elle. Elle a retiré sa fille de la crèche et a demandé une rupture conventionnelle à son employeur pour pouvoir s'en occuper, sans succès. En attendant, elle s'est mise en télétravail. « *On s'arrange* », dit-elle. Elle essaye de ne plus se ronger les ongles avant son mariage, mais le stress a repris le dessus. « *Ça a un impact sur notre vie, sur notre santé* », souffle-t-elle. Elle se retiendra jusqu'à la fin de l'interview avant de lâcher des larmes.

Une autre mère de famille, Manon Charrier, courtière en assurance, dit également avoir vécu « *les cinq pires mois de [sa] vie »* quand sa fille était dans la crèche, jusqu'en février 2023. Elle aussi avait remarqué un certain manque de diversité des repas pour sa fille, dans la section bébé. *« Les yaourts coûtent-ils tellement cher ? »* interroge-t-elle dans un courrier adressé à l'entreprise de crèches. Surtout, sa fille a des problèmes de santé, de l'asthme. Un protocole a été mis en place pour sa maladie, mais Manon accuse la structure de ne pas l'avoir respecté, notamment en oubliant de lui donner certains médicaments ou en ne respectant pas les consignes de son médecin. Toujours dans le même courrier, elle s'étonne que la crèche accepte d'accueillir des enfants ayant la bronchiolite ou la varicelle. En octobre 2022, son bébé de trois mois a attrapé le Covid et une bronchiolite et a fini hospitalisée sous oxygène.

Par la suite, Manon apprendra sur BFM le manque de repas dans la crèche. Aujourd'hui, la jeune mère a dû s'adapter professionnellement pour s'occuper de sa fille, car elle ne fait *« plus du tout confiance aux crèches »*. *« Ce n'est pas un monde tout beau, tout rose »*, conclut-elle. Le 18 avril, Pierre-Bastien Poujol lui répond et lui présente des excuses pour ces agissements *« qui ne reflètent pas les exigences et les engagements du groupe en termes de qualité d'accueil »*. Tout en rappelant à nouveau que la directrice ne fait plus partie de leurs effectifs et en condamnant ses pratiques qui ne respectent *« ni nos protocoles ni nos valeurs »*.

Le message est clair : aux yeux de LPCR, le cas de la crèche de Vitrolles est une exception et repose *« exclusivement »* sur un *« manquement »* individuel. Le groupe assure que sa politique est « *de systématiquement commander plus de repas que nécessaire, et bien évidemment jamais moins de 100 %* », insiste-t-il. « *À titre d'exemple, la moyenne de ces trois dernières années a été, dans l'ensemble de nos crèches, de 103 %.* »

Nous avons pourtant recueilli des témoignages de salariées dans d'autres crèches du groupe, qui évoquent elles aussi le sujet des repas. C'est par exemple le cas de Roxane*, une ancienne auxiliaire de puériculture dans les Bouches-du-Rhône, qui a démissionné face aux conditions de travail « *catastrophiques* ». Elle raconte s'être rendu compte que le nombre de repas était souvent insuffisant. Elle affirme qu'il lui arrivait de gonfler un peu le nombre d'enfants prévus au moment de passer les commandes. « *J'ajoutais 1 ou 2 repas car je sais qu'ils en supprimaient*, témoigne-t-elle. *Un jour, je me suis retrouvée à couper une petite omelette en quatre. C'est aberrant. Cela fait partie des besoins fondamentaux des enfants.* » Déçue par le milieu, elle a changé de métier depuis.

Interrogés sur cette crèche, Les Petits Chaperons rouges nous ont répondu qu'« *aucun événement concernant un manque de repas n'a été signalé dans cette structure* », assurant que toutes les commandes étaient supérieures ou égales à un repas par enfant et nous envoyant les ratios pour l'ensemble de l'année 2022. « *La consigne a toujours été de commander un repas par enfant, nous réfutons donc cette allégation que nous considérons comme mensongère* », conclut l'entreprise.

Dans le même département, Mathilde*, une directrice de micro-crèche des Petits Chaperons Rouges, décrit elle aussi des pratiques similaires. Elle préfère rester anonyme car *« c'est très tendu en ce moment »*. Aujourd'hui, elle estime qu'elle a *« de la chance d'avoir une coordinatrice qui ne nous fait pas économiser les repas »*. Mais ça n'a pas toujours été le cas.

Lorsqu'elle travaillait pour d'autres structures du groupe, cette éducatrice de jeunes enfants affirme qu'il était suggéré aux directrices *« d'enlever 1, 2 ou 3 repas »*. Cette stratégie serait sans conséquence la plupart du temps. *« Mais le jour où il n'y a pas d'enfant d'absent, on se retrouve coincées. »* Dans ces cas-là, pour retomber sur ses pattes, Mathilde devait rééquilibrer les portions entre les petits et les grands mangeurs ou prendre des petits pots dans les stocks prévus en cas de problème. *« En termes d'apports nutritifs, c'est moins équilibré qu'un vrai repas »*, souligne-t-elle. Pour être juste, la professionnelle explique aussi que les erreurs de livraison sont fréquentes et peuvent parfois expliquer le manque de repas. L'entreprise, elle, nie toute consigne donnée aux directrices, et nous précise que chaque crèche est censée disposer *« d'une réserve de sécurité correspondant à peu près à une semaine de consommation »*.

Nous avons anonymisé ces salariées pour les protéger. Le groupe Grandir, qui gère le réseau de crèches Les Petits Chaperons Rouges, ne craint pas d'aller en justice. Après avoir reçu nos questions, l'entreprise nous a mis en garde : « *Dans un souci de protection de notre groupe, du respect des familles et des professionnels, le moindre propos diffamatoire fera l'objet d'un recours judiciaire.* » Pour nous répondre, le groupe a même eu recours à l'agence Taddeo, spécialisée dans la communication de crise et le lobbying, qui se fait fort, sur son site, de « *gagner les batailles de communication* ». Nos demandes d'interviews avec des responsables du groupe Les Petits Chaperons Rouges ont été refusées.

Pourtant, les questions autour de la gestion des repas ne sont pas nouvelles dans l'entreprise. Déjà, en 2018, des alertes sont mentionnées dans un rapport d'expertise réalisé par un cabinet indépendant à la demande du Comité d'hygiène, de sécurité et des conditions de travail (CHSCT) au sein d'un groupement de trois crèches du groupe à Enghien-les-Bains, dans le Val-d'Oise. Les experts, qui se sont entretenus avec près de 40 salariées, notent : « *Certains trouvent que les quantités sont parfois un peu légères. Nous avons observé, bien que ces situations se fassent plus rares, certains professionnels devoir racler le fond d'un plat pour servir l'ensemble des enfants.* » Sur la base des témoignages recueillis, les auteurs estiment que le budget alimentation de la crèche pourrait être insuffisant et donc « *systématiquement dépassé* ». L'une des salariées leur raconte que l'entrée prévue dans les repas a été supprimée. « *Plus ça allait, moins les enfants avaient à manger* », raconte-t-elle, en se disant « *choquée* » par cette évolution.

D'autres salariées se plaignent de restrictions sur les fournitures. L'une d'entre elles dit avoir dû remplacer les gants pour nettoyer les enfants par de l'essuie-tout. Une autre assure avoir reçu des consignes pour consommer moins de couches. « *On nous disait même que, s'il y avait un pipi léger dans la couche, eh bien que ce n'était pas très grave, ça pouvait attendre un peu et qu'il ne fallait pas la changer tout de suite* », dit-elle. Interrogé cinq ans plus tard, LPCR fait savoir que « *la seule consigne qui soit donnée aux professionnels c'est que l'on change les enfants selon leurs besoins et au minimum toutes les trois heures* ».

Cet audit, que nous nous sommes procuré, avait déjà été évoqué en partie dans l'émission *Pièces à conviction* diffusée sur France 3 en 2020. À l'époque, le groupe avait entamé une procédure de licenciement à l'encontre de deux déléguées syndicales, accusées d'avoir divulgué le document. L'entreprise avait aussi contesté le rapport et demandé son annulation devant la justice en mettant en doute l'impartialité du cabinet d'expertise. Cette procédure judiciaire a empêché pendant cinq ans le CHSCT – remplacé depuis par le CSE, le Comité social et économique, à la suite des ordonnances Macron – d'avaliser officiellement le texte, empêchant tout salarié de pouvoir s'appuyer dessus en cas de conflit avec son employeur. Selon nos informations, la procédure s'est éteinte en juin 2023, l'entreprise n'ayant pas envoyé des écrits dans les temps.

Ces petites économies ne seraient pas forcément demandées par écrit par le siège du groupe, mais peuvent être encouragées par les directrices sur le terrain, selon nos témoins. Un autre document interne que nous avons pu consulter montre que Les Petits Chaperons Rouges versaient en 2021 une prime pouvant monter jusqu'à 3 400 euros annuels pour les directrices de crèche de moins de 20 berceaux et 3 800 euros pour les plus grandes crèches. Un bonus versé en trois fois dans l'année, selon plusieurs critères portant sur la « *performance de gestion* » et la qualité des services : le nombre d'heures facturées, les accueils occasionnels réalisés, la satisfaction des familles… Une ligne attire notre attention : le « *ratio repas commandés sur enfants présents* » doit être inférieur ou égal à 103 %. Du respect de cet objectif dépend 10 % de la prime de la directrice, soit plus de 300 euros.

Une source travaillant au siège du groupe, qui tient à rester anonyme, développe : « *C'est pervers, on ne dit pas aux directrices d'acheter moins de repas, mais comme aucun budget n'est sanctuarisé, leur prime porte aussi sur les dépenses de nourriture.* » Autrement dit, une directrice qui souhaite faire passer l'intérêt de l'enfant en premier risque de ne pas percevoir la totalité de sa prime. « *Toute l'entreprise fonctionne par tableaux. C'est la culture de l'entreprise* », conclut notre source, qui rappelle que la directrice des opérations du groupe vient tout droit de chez McKinsey, le célèbre cabinet de conseil américain.

Interrogé sur ces primes, le groupe Les Petits Chaperons Rouges rétorque qu'elles avaient pour objectif de lutter contre le gaspillage alimentaire, « *suite au constat que des tonnes de nourriture étaient jetées chaque année* » dans les crèches. L'entreprise précise que « *la part de l'alimentaire était minoritaire dans la prime puisque ne pesant que pour 10 % du total* ». Depuis, ce critère contesté a été retiré.

Des témoignages sur des repas insuffisants, nous en avons recueilli des dizaines au cours de notre enquête, et pas seulement aux Petits Chaperons Rouges. Tous ne sont pas aussi alarmants qu'à Vitrolles. Mais beaucoup de professionnelles nous ont raconté avoir dû partager une compote entre deux enfants, être allées en urgence à la supérette du quartier acheter quatre yaourts manquants ou avoir pioché dans les petits pots de secours, faute de mieux. Ces économies réalisées sur les commandes de nourriture ne sont pas forcément les plus lucratives pour les grands groupes, qui se défendent en disant qu'ils luttent contre le gaspillage. Mais elles font certainement partie des plus insidieuses. À Vitrolles, les parents, dont certains travaillent dans la police ou la sécurité, ont osé mener l'enquête. Leur travail collectif a permis de prouver le dysfonctionnement. Mais ailleurs ? Beaucoup de familles restent isolées, se résignent ou changent de crèche sans faire de bruit.

Comment en est-on arrivé là ? Pour le comprendre, il faut partir à la rencontre d'anciens cadres des entreprises de crèches. Retrouver des témoins de ce lent glissement qui a vu les belles promesses pédagogiques d'hier s'effacer progressivement derrière des considérations purement financières.

2

Le « gardien du Temple »

Philippe Rello a un air de sage. Pas le genre ermite barbu retiré dans une cabane sombre. Plutôt le style méditation et communication non violente. Un quinquagénaire qui vous parle d'une voix douce, un bol de tisane fumant posé sur la table basse. Il nous reçoit chez lui, au Touvet, entre Grenoble et Chambéry. Des fenêtres de son modeste appartement, on aperçoit les dernières neiges du massif de Belledonne. En cette fin de janvier 2023, la conversation dévie sur sa passion pour l'aïkido, qu'il enseigne dans un club voisin. Un art martial pacifiste japonais qui consiste à vider de sa substance l'agression de son adversaire plutôt que la combattre. Une discipline sans compétition. Gérer le conflit, s'éloigner des ondes négatives à temps pour ne pas se laisser happer par elles. La métaphore est tentante pour résumer son ancienne vie.

Avant d'atterrir au pied de la Chartreuse, Philippe Rello a navigué entre Paris et Aix-en-Provence, au rythme des TGV et des réunions minutées. De 2009 à 2012, il était le directeur pédagogique des Petits Chaperons Rouges. Un job qui l'a passionné autant qu'il a mis sa patience à l'épreuve. Et puis l'entreprise s'est mise à vouloir *« faire du chiffre »*, nous a raconté Emmanuelle, une ancienne directrice de crèche qui l'a côtoyé dix ans plus tôt. *« Il ne pouvait plus rien faire, ça n'avait plus de sens »*, nous a-t-elle dit. Quand nous l'appelons pour prendre rendez-vous, Philippe Rello le dit très simplement : *« Je suis parti parce que les commerciaux ont gagné. »* Et nous voilà dans son salon, à l'écouter discourir sur la psychanalyse et les cycles de sommeil du jeune enfant.

Philippe Rello est d'abord un passionné de pédagogie. À dix-sept ans, il commence à *« prendre soin des enfants »*, comme il dit, en tant qu'animateur en centre de loisirs. Il se forme ensuite au Centre d'entraînement aux méthodes d'éducation active (Cemea), un pilier du mouvement de l'éducation nouvelle et populaire des années 30. Puis devient éducateur de jeunes enfants et multiplie les expériences : en service d'oncologie pédiatrique, dans un foyer d'urgence du Val-de-Marne, un institut de formation à la Cité rouge de Gennevilliers… Quand il quitte la région parisienne pour les Alpes, il commence à travailler en crèche territoriale, en halte-garderie.

En 2007, il postule aux Petits Chaperons Rouges, comme directeur de crèche adjoint. Créée quelques années plus tôt, l'entreprise ne compte alors qu'une dizaine de structures. Philippe y trouve une certaine liberté. Son CV et ses talents de formateur sont rapidement remarqués. Deux ans plus tard, il est promu directeur pédagogique d'un groupe en pleine croissance. *« À l'époque, il n'y avait presque rien sur le plan éducatif et pédagogique. Tout était à faire, c'était passionnant »*, se souvient-il.

Sa première tâche est d'écrire le projet éducatif de l'entreprise. *« C'est un texte presque politique qui donne les grandes intentions, avec des valeurs plutôt humanistes, universelles »*, résume-t-il. Le document doit servir de socle de référence à l'ensemble du groupe. En lui confiant cette mission, Les Petits Chaperons Rouges se construisent une légitimité. *« La direction m'a laissé beaucoup de liberté parce que ça les servait aussi : ils allaient avoir besoin de matière pour convaincre les institutions publiques, pour répondre à des appels d'offres. »*

Une fois cette constitution rédigée, il faut ensuite la décliner en projets pédagogiques, des documents qui précisent l'organisation des crèches. *« S'accorder sur les valeurs, ce n'est jamais un problème, tout le monde est pour. Par contre, s'accorder sur la traduction de ces valeurs en pratique, c'est là que le bât commence à blesser un peu… »*, glisse Philippe. Mais, dans un premier temps, sa parole est prise en compte.

Organisation des repas avec des illustrations à destination des professionnelles, consignes pour chaque grand temps de la journée de l'enfant, politique de l'entreprise en ce qui concerne les anniversaires ou les fêtes des mères… Philippe Rello entre dans le détail, en essayant de marier les savoirs scientifiques disponibles avec les impératifs du terrain. Il fait venir une chercheuse du CNRS pour parler du temps de sommeil des tout-petits, travaille avec des architectes sur la configuration des espaces dans les crèches, réfléchit au plan de formation des professionnels. Il crée un catalogue du matériel pédagogique utilisable. *Exit* par exemple les jouets musicaux, cauchemars de bien des parents, qui *« surstimulent »* les enfants. *« En un an et demi, on a posé les bases »*, raconte-t-il, en évoquant une *« émulation au service de l'enfant »* et des *« professionnels investis »*.

En parallèle, le groupe grossit à vue d'œil. À la tête d'une dizaine de crèches à son arrivée en 2007, Les Petits Chaperons Rouges en comptent près de 120 à son départ en 2012, et plus de 800 aujourd'hui. Une première bascule a lieu en 2009, quand LPCR remporte le marché public des crèches d'Aix-en-Provence. Pour faire tourner la vingtaine de structures, le groupe crée un siège avec un bureau pour Philippe. *« Ce marché a été un accélérateur, mais derrière il fallait assurer »*, se souvient-il. Encore aux mains du groupe aujourd'hui, le marché aixois devient vite une poule aux œufs d'or pour l'entreprise : 746 000 euros de résultat net en 2015, 866 000 en 2016, plus d'un million en 2017… Depuis son implantation dans la capitale provençale, l'entreprise a accumulé plus de 5,5 millions d'euros de bénéfices, selon les derniers comptes publiés fin 2021.

Conséquence de cette croissance rapide, la start-up des débuts se structure rapidement avec des services, des sous-services. Les salariés de terrain deviennent des cadres de bureau. Chargé d'animer le réseau, Philippe Rello passe de plus en plus par les coordinateurs qui pilotent un territoire donné et de moins en moins par les directrices d'établissement. « *J'étais moins en proximité* », raconte-t-il.

Alors que le service commercial prend de l'envergure, Philippe se retrouve à promouvoir le projet pédagogique pour répondre aux appels d'offres. Il tente de sensibiliser ses nouveaux collègues, souvent issus d'écoles de commerce, aux enjeux de la petite enfance. Chaque mois, il propose de présenter des penseurs, comme Freinet ou Pickler, à l'origine de pédagogies « alternatives », qui prônent une meilleure prise en compte des besoins individuels de chaque enfant. Le courant passe bien entre Philippe et Frédéric Paul, l'un des deux fondateurs du groupe avec Jean-Emmanuel Rodocanachi. « *Il me disait souvent : "Tu es le gardien du Temple"*, se souvient-il. *L'idée était de ne pas trahir l'esprit de départ. Il savait bien qu'à un moment il allait y avoir des tensions, des intérêts différents.* »

Philippe Rello n'est pas un doux naïf. Il sait que son entreprise, fondée par des entrepreneurs, n'est pas une œuvre philanthropique. « *J'étais bien conscient de ce qui se jouait. Sur le principe, ça ne me dérangeait pas que des personnes se fassent du fric, à partir du moment où les professionnels avaient les moyens de mettre en œuvre un projet éducatif qui les animait* », analyse-t-il avec le recul. Mais cet équilibre fragile va peu à peu se rompre.

Après trois ans au poste de directeur pédagogique, il constate que sa voix passe de plus en plus après les considérations financières. « *Je devais monter au front plus souvent pour défendre mes positions* », se remémore-t-il. Il doit aussi composer avec les modes qui viennent percuter son projet patiemment réfléchi : la langue des signes, les crèches bilingues, la méthode Montessori fondée sur l'autonomie et l'expérimentation... « *Montessori, pourquoi pas. Mais avant de le mettre sur l'affiche de la crèche, il faut savoir de quoi on parle.* » Lui qui voit d'abord la pédagogie comme un moyen d'émancipation, se retrouve contraint d'argumenter face à des tendances marketing de plus en plus pressantes. « *Les groupes de crèches savent très bien répondre aux angoisses des parents, à l'injonction à la réussite et à la performance* », analyse Philippe.

La déconnexion avec les cadres de l'entreprise s'accroît. À plusieurs reprises, il dit avoir voulu organiser des journées en crèche pour le personnel de direction. « *Mais ils ne venaient pas, ou alors une heure, en mode visite présidentielle.* » C'est aussi à ce moment-là qu'il ressent la concurrence entre les groupes de crèches, « *un truc de fou* », comme il dit, notamment lors des réunions pour préparer des réponses à des appels d'offres. « *Il fallait se démarquer des autres, choper des infos via des réseaux professionnels ou personnels, inviter machin au match de rugby pour avoir l'info avant les autres, s'implanter, sans se soucier du tissu social existant sur place* », poursuit-il.

Ses désaccords avec la direction commerciale, qui a pris une place centrale dans les décisions, se font de plus en plus fréquents. À ce stade de notre discussion, le regard tranquille de Philippe se fait un peu plus dur. *« Je n'avais plus de pouvoir d'opposition, plus d'influence. Je faisais des compromis en permanence. Je ne voulais plus être associé à ce qui était en train de se mettre en place*, lâche-t-il. *J'avais le sentiment de servir de caution. Il était temps que je parte. »*

Il quitte son poste et son salaire confortable, au grand dam de ses proches qui le prennent pour un fou. Non sans avoir pris le temps d'exposer son malaise au patron, Jean-Emmanuel Rodocanachi. *« Je ne suis pas sûr qu'il ait bien compris mes arguments. »* Son poste de directeur pédagogique ne sera pas renouvelé. *« C'est très parlant, je trouve. En fait, je commençais à devenir gênant. Le "gardien du Temple" est intéressant tant qu'il apporte de la matière, mais l'opposition que je pouvais marquer à certaines évolutions de l'entreprise n'était plus la bienvenue »*, estime aujourd'hui Philippe. Un an après son départ, les coordinatrices qu'il accompagnait sont placées sous la responsabilité de commerciaux au sein des directions régionales. *« La rentabilité a pris le dessus »*, résume-t-il.

Les dix années suivantes, Philippe Rello a vu Les Petits Chaperons Rouges se transformer en multinationale, présente en Angleterre, en Allemagne et en Amérique du Nord. *« Ce qui me chagrine le plus, c'est de voir l'influence que ces groupes ont prise auprès des instances publiques. »* Bien qu'elles représentent « seulement » un quart des places, les entreprises de crèches et leurs méthodes auraient transformé le secteur en profondeur. « *Je travaille avec des crèches associatives issues de l'éducation populaire qui en viennent à renoncer ou à trahir des valeurs fondamentales pour pouvoir rivaliser avec ces groupes, grignoter quelques parts de marché pour survivre* », explique Philippe. Des structures engagées qui se retrouvent contraintes d'adopter les mêmes stratégies que leurs puissants concurrents. « *Elles n'ont pas trop le choix, mais elles perdent du terrain, pas seulement en termes de nombre de places mais aussi en termes d'idées et de valeurs.* »

Les chiffres lui donnent raison : depuis une dizaine d'années, la part des crèches associatives dans le secteur diminue. Dans son rapport de 2023, l'Igas évoque le risque d'« *un phénomène de contagion* » de la baisse des exigences de qualité : si le privé est moins-disant et pratique des prix bas, les autres s'alignent ou meurent.

Malgré ce contexte dégradé, Philippe Rello continue de former des professionnelles dans des crèches ou des instituts de formation. Avec des mots choisis soigneusement. La semaine dernière, avec une équipe, il a abordé la notion de « délicatesse ». Un terme qu'il préfère à ceux de « douces violences » popularisés par l'éducatrice Christine Schuhl, qui met en exergue des comportements en apparence anodins, mais pouvant affecter les enfants. « *Il n'y a pas de violence douce. Il y a des violences en douce, ou des degrés de violence* », estime Philippe.

À ses yeux, la petite enfance ne pourra pas faire l'économie d'un débat de fond sur ses pratiques. Il s'interroge à voix haute. Est-il encore possible de vouloir faire d'une crèche une structure rentable ? Est-ce même réalisable sans rogner sur certains budgets fondamentaux, ou sans dégrader la « *qualité de la relation* » entre les professionnelles et les enfants ? « *Si ces relations ne sont pas de bonne qualité, si les enfants vivent du rapport de force, de l'autorité, de l'absence de liberté, est-ce que c'est ça qu'on veut leur proposer ?* » souffle-t-il en vidant le fond de la théière. Il continue à deviser sur le sens de l'éducation jusque sur le palier de sa porte : « *Pour moi, éduquer, ça veut dire favoriser petit à petit l'émancipation des enfants. Mais ce n'est pas un discours qu'on entend beaucoup dans les groupes de crèches.* »

3

Les Big Four

Qu'ont en commun l'autoroute A2 en Pologne, la concession de l'aéroport de Venise, les maisons de retraite irlandaises CareChoice et le groupe de crèches Grandir, la maison mère des Petits Chaperons Rouges ? Tous figurent dans le portefeuille du fonds d'investissement Infravia Capital Partners. Basé à Paris, ce poids lourd européen du « capital-risque » injecte des milliards d'euros dans des infrastructures de toutes sortes, pourvu qu'elles assurent des rendements intéressants. En 2023, il a par exemple lancé une levée de fonds de près de 2 milliards d'euros pour investir dans des métaux stratégiques comme le nickel ou le lithium. Mais en 2021, c'est une autre mine d'or qui a suscité son appétit : celle de la petite enfance.

Cette année-là, alors que le Covid provoque encore des fermetures à répétition dans les crèches françaises, Infravia rachète une bonne partie du groupe Grandir. Le fonds vient alors de lever 5 milliards d'euros, provenant principalement de compagnies d'assurances, de fonds de pension, de banques privées ou de « *family offices* », c'est-à-dire de gestionnaires de patrimoine de grandes fortunes du Vieux Continent. Au moment de ce rachat, Infravia valorise le groupe Grandir à près de 850 millions d'euros.

Dans un communiqué, le fonds explique être très intéressé par les « *perspectives de croissance régulière* » qu'offre cette entreprise, dans un contexte de manque de places de crèche un peu partout en Europe. De son côté, le président des Petits Chaperons Rouges rappelle être passé de 250 crèches en France en 2016 à plus de 650 établissements en Europe et en Amérique du Nord en 2021 et se réjouit de cette « *nouvelle étape* » dans la vie de son entreprise. Peu après, Grandir-LPCR frappe fort en France en rachetant les quelque 300 crèches du groupe Sodexo pour plus de 200 millions d'euros. Un coup d'accélérateur qui lui permet de devenir le leader du secteur dans l'Hexagone.

Ces dernières années, ces opérations de rachats et de fusions se sont multipliées. Au point que l'Igas estime, dans son dernier rapport[1], que les crèches lucratives ont suivi « *le même type d'évolution que celui du secteur des personnes âgées* », marqué par la constitution de mastodontes comme Orpea ou Korian. Cette valse des millions a été pointée du doigt en 2021 par le Syndicat national des professionnel·le·s de la petite enfance (SNPPE), première

1. *Qualité de l'accueil et prévention de la maltraitance dans les crèches*, rapport de l'Igas, avril 2023.

organisation interprofessionnelle du secteur, créée en 2020 dans la foulée de la crise du Covid. *« Les bébés ne sont pas des transactions financières »*, mettait-il en garde.

Combien de parents ont conscience de la grande industrie financiarisée qu'est devenu le secteur ? En vingt ans, des empires du berceau se sont constitués en France, de rachats en levées de fonds. Peu à peu, ils se sont exportés jusqu'en Chine, en Argentine ou aux États-Unis. Si ces entreprises cultivent encore une image familiale, le temps des pionniers à la tête d'une poignée d'établissements paraît bien loin.

Dans le monde de la finance, on parle des « Big Four » pour désigner les quatre plus grands cabinets mondiaux d'audit et de conseil financier, les Ernst & Young, Deloitte, KPMG ou PwC. L'expression pourrait aussi s'appliquer aux quatre réseaux qui dominent actuellement le marché des crèches privées en France : le groupe Grandir-Les Petits Chaperons Rouges, Evancia et sa marque principale Babilou, La Maison Bleue et People&Baby. À elles quatre, ces entreprises représentent près de 65 % du secteur marchand. Des incontournables avec qui les pouvoirs publics doivent désormais composer.

Pour assister à la naissance de ces empires, il faut remonter à l'orée des années 2000. Lorsque Christian Jacob, alors ministre délégué à la Famille sous le quinquennat de Jacques Chirac, ouvre le robinet des aides fiscales et des financements publics pour inciter le secteur privé à investir dans la création de nouvelles crèches (nous y reviendrons plus loin dans ce livre). Le signal est reçu cinq sur cinq. Des start-up se forment à ce moment-là. Les premières à se lancer remportent la mise. Créés dès 2000, Les Petits Chaperons Rouges totalisent aujourd'hui un millier de crèches dans cinq pays, 38 000 enfants accueillis, 11 000 collaborateurs.

L'autre membre principal des Big Four est Babilou. Pendant longtemps, le groupe a été le leader du secteur en France. Mais son terrain de jeu est aujourd'hui mondial. Devenu Babilou Family, le groupe est implanté en Allemagne, au Luxembourg, en Suisse, aux États-Unis, en Inde ou en Colombie… Il revendique 1 200 crèches, 57 000 familles accueillies et un chiffre d'affaires annuel de 780 millions d'euros en 2022, dont seulement 225 millions réalisés dans les 470 crèches françaises du groupe.

La multinationale a été fondée en 2003 par les frères Rodolphe et Édouard Carle. Le premier était en poste dans un fonds d'investissement à Londres lorsqu'il a eu l'idée de se lancer avec le second, tout juste diplômé d'une école de commerce et de gestion. Les deux frères figuraient en 2022 à la 331e position dans le classement du magazine *Challenges* des plus grandes fortunes de France, avec 350 millions d'euros d'actifs liés à leur activité professionnelle, sans compter leur patrimoine personnel. Les fondateurs mettent régulièrement en avant leurs 8 enfants à eux deux, *« tous passés par nos crèches »* comme ils le déclaraient à *Capital* en 2019. Une vie familiale régulièrement mentionnée par la presse économique, à l'image d'un article des *Échos* en 2017, qui les présentait comme des « *pères de famille* » qui en connaissent donc « *un rayon* » sur la petite enfance.

En 2019, les frères Carle accompagnent Emmanuel Macron lors d'un voyage présidentiel en Chine. L'occasion de signer un partenariat présenté comme « *stratégique* » avec un réseau de crèches local, qui accueille déjà près de 10 000 enfants. Avec 17 millions de naissances par an, le marché chinois fait saliver l'entreprise. L'année suivante, le fonds d'investissement Antin Infrastructure Partners devient l'actionnaire de référence du groupe. Valorisé à près d'1,5 milliard d'euros selon plusieurs estimations, Babilou rejoint le portefeuille de la société d'investissement, au côté de compagnies ferroviaires britanniques, d'opérateurs de télécoms espagnols ou de réseaux de transports pétroliers…

Plus discret, le groupe La Maison Bleue est un autre acteur historique du secteur. L'entreprise a été créée en 2004 par Sylvain Forestier. Dans une autre vie, ce diplômé de l'Essec Business School a dirigé pendant une dizaine d'années une entreprise de gestion de bases de données clients, cotée en Bourse et valorisée jusqu'à 150 millions d'euros, travaillant pour le compte de grandes entreprises comme L'Oréal, Renault, Danone ou Heineken, indique un article des *Échos*. Mais l'entreprise fait faillite en 2002, balayée par l'explosion de la bulle Internet. Sylvain Forestier vend sa maison pour régler ses dettes et décide alors de prendre le train des crèches privées en marche. Il s'associe avec Antonia Ryckbosch, une puéricultrice en région parisienne, pour fonder La Maison Bleue.

Le groupe s'est spécialisé dans les partenariats public-privé : un tiers de ses crèches sont des délégations de service public et la moitié des places réservées dans ses autres crèches le sont par des organismes publics. Une stratégie payante : le groupe compte aujourd'hui près de 500 crèches, accueille 20 000 enfants quotidiennement et a la réputation d'être *« le plus rentable de son secteur »*, selon le média économique *L'Agefi*. Un temps détenu en partie par des investisseurs extérieurs, le groupe est aujourd'hui la propriété de ses fondateurs.

Pour le moment, People&Baby non plus n'a pas été raflé par un fonds d'investissement. Le groupe, créé en 2004, affirme aujourd'hui gérer près de 850 crèches en France et à l'étranger et s'enorgueillit d'avoir atteint en 2022 un taux de croissance de 31 % de son nombre de places. Mais son chiffre d'affaires, autour de 130 millions d'euros selon ses derniers comptes disponibles, reste moins élevé que celui de ses concurrents.

Cela dit, l'entreprise reste rentable. Ses deux fondateurs, l'entrepreneur Christophe Durieux et la puéricultrice Odile Broglin, aujourd'hui encore actionnaires uniques du groupe, ont fait leur apparition en 2022 dans le classement des plus grandes fortunes de France de *Challenges*, avec près de 200 millions d'euros d'actifs. L'entreprise s'est spécialisée dans les micro-crèches et a développé tout un réseau d'établissements bilingues, principalement en anglais. Elle est aussi à la tête d'un puissant réseau de plus de 3 000 établissements dont elle commercialise les places, baptisé « Crèches pour tous ».

À côté de ces quatre poids lourds, plusieurs réseaux de taille intermédiaire se sont aussi développés en France. À l'image de Léa & Léo, qui regroupe une cinquantaine de crèches pour 25 millions d'euros de chiffre d'affaires en 2021. Ou bien le réseau Rigolo comme la vie, très implanté dans le nord de la France.

Pour peser dans le débat public, le secteur des crèches privées dispose aussi d'une organisation professionnelle : la Fédération française des entreprises de crèches. La FFEC rassemble la plupart des grands réseaux, à l'exception de People&Baby, qui a démissionné en 2011 sur fond d'accusation de concurrence déloyale visant l'entreprise. À la tête de la fédération, la déléguée générale Elsa Hervy joue le rôle de lobbyiste en cheffe du secteur. Un job qu'elle connaît bien : cette ancienne assistante parlementaire passée par plusieurs cabinets ministériels a aussi travaillé pour Rivington, l'un des principaux cabinets de lobbying en France, qui compte parmi ses clients le cigarettier Philip Morris, l'alcoolier Pernod-Ricard, ou bien les géants des maisons de retraite Orpea et Korian.

Auprès des acteurs publics, comme sur les plateaux télé, Elsa Hervy défend inlassablement ses protégés. Et à ceux qui s'interrogent sur l'existence même d'un secteur lucratif dans la petite enfance, la FFEC a beau jeu de rappeler que ses membres ont assuré, entre 2018 et 2022, la création de plus de 15 000 nouvelles places, là où les collectivités locales et les associations stagnaient sur la même période. Le message est rodé : sans le privé, le manque de places déjà criant serait encore pire. De quoi tenir les politiques à distance.

Combien rapporte cette industrie ? Trois fois rien, jurent les représentants des crèches privées. En 2018, une étude commandée par la FFEC évaluait la rentabilité nette des entreprises de crèches à 1 % en moyenne. L'année suivante, une seconde étude commandée à Ernst & Young arrivait à la conclusion qu'il n'existait pas de surrentabilité des crèches privées commerciales.

Mais l'Inspection générale des finances n'arrive pas au même résultat. Dans un rapport de 2021, elle estime que le taux de profitabilité du secteur marchand se situe plutôt autour de 6 %. Un chiffre proche de la rentabilité moyenne des entreprises en France, rétorque Elsa Hervy, pour qui les résultats des crèches privées n'ont pas de *« caractère exceptionnel »*. Cette moyenne cache toutefois de très grandes disparités, poursuit l'IGF : alors qu'un quart des entreprises de crèches affichent des pertes, un autre quart atteint une profitabilité entre 8 % et 14 % et un troisième quart dépasse les 14 %. Plus spectaculaire encore : 5 % des entreprises dépassent les 25 % de taux de profit.

Mais quand bien même, cette rentabilité est « *réinvestie* », notamment pour « *moderniser* » et construire de nouvelles crèches, estime Elsa Hervy, qui rappelle que les trois gros groupes membres de la FFEC (Babilou, LPCR, La Maison Bleue) n'ont pas versé de dividendes à leurs actionnaires ces trois dernières années.

L'Igas constate que les entreprises de crèches ont considérablement augmenté leurs « frais de siège » en dix ans, ces montants facturés aux crèches par les groupes pour l'utilisation de leurs services supports (ressources humaines, service commercial ou marketing...). Une manière de faire remonter de la valeur à la maison mère. Leur masse critique leur permet aussi de répondre aux marchés publics à des prix concurrentiels, voire de se livrer à une sorte de dumping. Les inspecteurs décrivent le risque d'une « *course au prix bas* ». Ils indiquent avoir eu connaissance d'un marché public pour lequel une entreprise avait proposé 3 000 euros par place. À un tarif aussi faible, il semble impossible de garantir une qualité minimale d'accueil.

Car selon que vous soyez Total, Airbus ou une petite commune rurale, les groupes ne vous vendront pas leurs places au même prix. Les entreprises qui réservent des berceaux sont souvent facturées plus lourdement, car elles bénéficient d'importantes ristournes fiscales. Tandis que les prix proposés aux communes et organismes publics sont beaucoup plus bas, pour répondre aux demandes des collectivités dont les finances sont en berne. Plusieurs cadres de groupes que nous avons interviewés estiment que le prix d'une place peut ainsi varier de 20 000 euros lorsqu'il concerne des places destinées à une grande entreprise à Paris à 4 000 euros pour des marchés publics en « province ».

Les acteurs publics sont en quête de tarifs toujours plus bas. Ce constat est partagé par Blaise Paillard, président du Srias Auvergne-Rhône-Alpes, une sorte de comité d'entreprise de la fonction publique d'État, qui dépense chaque année 35 millions d'euros dans la réservation de places de crèche pour des agents. Le nombre de places réservées par ce biais est passé d'à peine 500 places il y a quinze ans à 5 000 aujourd'hui. Les groupes privés sont les principaux bénéficiaires de cette manne. Dans le même temps, le prix est passé de 13 000 euros à 8 000 euros en moyenne. Ces prix *« anormalement bas »* constituent aux yeux de l'Igas un *« signal d'alerte important »*. Pour pouvoir rentabiliser un tel marché, le gestionnaire pourrait être contraint de conduire des *« stratégies de ressources humaines préjudiciables à la qualité »*, comme le non-remplacement délibéré de postes vacants ou le recrutement de personnel moins diplômé. Pour arrêter la fuite en avant, certaines entreprises renoncent à candidater à des marchés publics. La direction de Babilou a choisi de se *« retirer massivement »* du marché des délégations de service public depuis 2010,

« de très nombreuses municipalités n'ayant plus les dotations financières que nous estimons nécessaires pour nos standards de qualité d'accueil », nous fait-elle savoir.

Si les prix dégringolent parfois à ce point, c'est aussi parce que la concurrence entre ces groupes est féroce. On assiste à une véritable guerre de territoire. Au point de s'écharper pendant plusieurs années pour un marché de 10 berceaux. Un litige a ainsi opposé pendant presque dix ans trois des quatre géants du secteur. L'histoire remonte à 2014. Cette année-là, la Caisse d'allocations familiales (CAF) des Hauts-de-Seine lance un marché public pour réserver 10 places en crèche à destination des enfants de ses salariés. Avec une condition importante : il faut que le réseau de l'entreprise candidate couvre l'ensemble des départements d'Île-de-France, mais aussi l'Eure, l'Ille-et-Vilaine ou l'Oise. Les futurs employés de la CAF qui viennent parfois de loin doivent trouver une crèche à proximité de chez eux facilement. Le marché est intéressant et la perspective de travailler avec la CAF, principal financeur du secteur, n'y est peut-être pas pour rien. Le marché est remporté par People&Baby et son réseau Crèches pour tous au nez et à la barbe de La Maison Bleue, de Babilou et des Petits Chaperons Rouges.

Mais en 2015, la FFEC, le groupe Evancia-Babilou et Les Petits Chaperons Rouges adressent un courrier commun à la CAF des Hauts-de-Seine pour réclamer l'annulation du marché. Ils estiment, pour résumer à grands traits, que People&Baby et son réseau partenaire ont augmenté artificiellement le nombre de crèches dont ils disposaient dans les territoires concernés, en disant « faussement » à la CAF pouvoir en mobiliser près de 200 au lieu d'une cinquantaine en réalité. L'affaire entraîne une série de poursuites judiciaires, chaque camp accusant l'autre de dénigrement et de pratiques anticoncurrentielles. People&Baby réclame finalement la modique somme de 18 millions d'euros de dommages et intérêts à LPCR et à Babilou. L'affaire ira jusqu'en Cour de cassation, qui déboute en 2023 People&Baby de ses demandes. Mais l'épisode est révélateur : si, en vitrine, chaque groupe jure la main sur le cœur placer l'intérêt de l'enfant au-dessus de tout, en coulisses, c'est bien une lutte à couteaux tirés qui se joue.

D'où vient l'argent des entreprises de crèches ? Depuis vingt ans, responsables politiques et entrepreneurs du secteur martèlent une fable tenace : l'ouverture du secteur au privé aurait permis l'arrivée d'investissements massifs dans la petite enfance. L'argent des employeurs remplaçant les impôts, pour compenser le manque de moyens des collectivités. De l'argent privé pour des crèches privées, en quelque sorte. Mais cette vision ne correspond pas tout à fait à la réalité.

Les entreprises de crèches sont massivement dépendantes de l'argent public, via différents dispositifs. À commencer par les financements de la Caisse nationale des allocations familiales (Cnaf) et des CAF départementales, la branche « famille » de la Sécurité sociale. Quand Babilou ou Les Petits Chaperons Rouges ouvrent une crèche, ils peuvent en effet compter sur des aides à l'investissement pouvant couvrir jusqu'à 80 % des dépenses engagées pour ouvrir une structure.

Une fois la crèche ouverte, les CAF financent une partie des coûts, via le versement de la Prestation de service unique (PSU). Dans ces crèches conventionnées, le reste à charge pour les familles est le même dans une crèche publique ou privée. Les CAF versent directement les subventions aux crèches, à condition qu'elles respectent certains critères comme la modulation des tarifs en fonction des ressources des familles, la fourniture de repas ou de couches, un taux de facturation ne dépassant pas un certain seuil... Dans le cas des micro-crèches, les dépenses des familles sont prises en charge jusqu'à 85 % par le Complément libre choix du mode de garde (CMG), une autre prestation versée directement aux familles. Selon les règles actuelles, la somme des aides de la CAF et de la participation des familles ne doit pas dépasser les deux tiers du coût de la place. Pour financer le tiers restant, les crèches doivent donc impérativement trouver un client public ou privé, qui leur achète des places.

Les clients publics ne manquent pas : mairies, départements, préfectures, ministère de l'Intérieur ou des Armées comptent ainsi parmi les gros clients du secteur marchand. Des marchés avec des marges faibles, mais très stables.

Ce qui rapporte le plus, toutefois, ce sont les places d'entreprises. Mais, là encore, ces contrats sont massivement financés par de l'argent public. Grâce au crédit d'impôt famille (CIF) créé en 2004, une entreprise réservataire peut déduire de son résultat fiscal la moitié de ses dépenses de crèche. À cela s'ajoute un abattement fiscal de l'impôt sur les sociétés, jusqu'à 25 % de la somme. Une fois ces aides fiscales déduites, le client, c'est-à-dire l'entreprise qui achète les places pour les enfants de ses salariés, paie de sa poche à peine un quart du prix réel de la place. Un argument de choc martelé par les commerciaux des groupes de crèches.

Sous prétexte d'augmenter le nombre de places de crèche, l'État a-t-il trop ouvert les vannes de l'argent public ? Aujourd'hui, le crédit d'impôt famille est plafonné à hauteur de 500 000 euros par entreprise. Ce plafond s'applique aussi bien à EDF, à une banque internationale, qu'à une PME. Mais le dispositif ne prévoit aucun plafonnement par place. Autrement dit : les groupes de crèches peuvent facturer au prix fort, sachant que l'État assumera de toute façon l'essentiel de la dépense.

Dans un rapport de 2017, l'Inspection générale des finances et l'Igas pointaient ce « *surcalibrage des financements publics* ». En 2019, le CIF a coûté près de 117 millions d'euros au contribuable. Dans le même temps, certaines crèches pouvaient atteindre des niveaux élevés de rentabilité. Des performances « *contestables* » aux yeux des inspecteurs.

« Ces schémas aboutissent à subventionner une place bien au-delà de son coût de revient pour le gestionnaire », écrivent-ils.

Alors qu'une place de crèche sur quatre est aujourd'hui gérée par le secteur marchand, l'État peut-il encore revenir en arrière ? Fin 2019, vent de panique chez les groupes de crèches. Le gouvernement menace la pérennité du crédit d'impôt famille. Les membres des Big Four s'inquiètent : le projet risque de dissuader leurs clients de réserver des places. La FFEC dénonce une mesure qui *« met en danger les 80 000 places créées »* par le secteur privé depuis vingt ans. Elle est rapidement relayée par plusieurs parlementaires qui demandent la suppression du texte, comme la députée du Nord (LREM), Valérie Petit. Le gouvernement finit par faire machine arrière. Dans la foulée, la FFEC publie un communiqué adressé au ministre des Comptes publics de l'époque : *« Les entreprises de crèches remercient Gérald Darmanin. »*

S'intéresser aux Big Four, c'est retracer l'histoire d'une prise de pouvoir. Consultés par le gouvernement, siégeant dans des organismes publics, arborant le nombre de places créées en étendard, les grands groupes donnent aujourd'hui le *la* du secteur. Mais leur développement fulgurant s'est aussi traduit par une course à la croissance et par une concurrence effrénée. Au point que certains cadres quittent ces entreprises, écœurés par une compétition de chaque instant.

4

Remplir à tout prix

« *Oui, j'ai fait pleurer des responsables de crèche dans mon bureau* », Olivier l'admet sans ciller. « *Parce qu'elles n'atteignaient pas leurs objectifs* », précise le quadragénaire. Pendant près de cinq ans, au début des années 2010, en tant que cadre régional d'un groupe de crèches racheté depuis par un concurrent, il a été le bras zélé de sa direction. Celui qui gueule quand les budgets sont dépassés, qui pinaille pour remplacer un salarié absent, qui met la pression pour remplir les crèches au maximum. À mi-chemin entre le comptable et le contremaître. « *Ce n'était pas un plaisir, je ne cherchais pas à pressurer nos salariées.* » À peine formule-t-il quelques « *regrets* » au sujet de ces années dans « *le business des berceaux* », comme il dit.

Aujourd'hui, Olivier s'est reconverti dans l'industrie automobile et veille sur la chaîne de montage de son usine : des pièces bien standardisées, calibrées, fiables. Une matière première plus facile à gérer que celle des crèches, si imprévisible avec ses enfants malades, ses professionnelles éreintées et ses familles tatillonnes. « *L'humain, vous ne pouvez pas l'optimiser comme des pièces de bagnole »*, souffle Olivier. Au ton de sa voix, on se demande si l'idée ne l'a pas déjà effleuré. On l'interroge : n'a-t-il pas eu parfois l'impression d'aller trop loin ? Lui estime n'avoir jamais sacrifié le bien-être des enfants, mais admet avoir toujours eu le regard rivé sur les chiffres. Pour contenter sa direction, là-bas, au siège à Paris. *« Le problème, c'est qu'on fonctionne toujours à flux tendu. Si vous ne réussissez pas à atteindre vos objectifs, le fonds d'investissement qui vous a signé un chèque ne va pas rester bien longtemps ! »* résume-t-il.

Quelques années après avoir quitté le milieu de la petite enfance, l'homme se dit *« loyal »* envers son ancien employeur, qu'il ne souhaite pas voir mentionné ici. Également par peur de la clause de confidentialité inscrite dans son ancien contrat. Il ne se voit ni comme un repenti, ni comme un lanceur d'alerte. S'il a accepté de nous répondre, c'est d'abord pour mettre les choses au clair : *« Notre société a délégué une partie de l'accueil de ses enfants à ces boîtes, en sachant pertinemment qu'elles ne sont pas des associations caritatives. Il faut cesser cette hypocrisie. »*

Cela fait à peine quelques semaines que nous enquêtons sur le secteur des crèches privées, et le témoignage d'Olivier nous déstabilise par sa franchise. C'est pour parler à des « repentis » comme lui que nous avons décidé de faire ce livre. Ou en tout cas à des témoins qui accepteraient de lever un coin du voile qui recouvre ce business si particulier. Mais les autres cadres que nous avons rencontrés cherchaient souvent à soulager leur conscience ou à se justifier, lucides sur les dégâts causés. Assumer en bloc, sans chercher à édulcorer, ça, c'est nouveau.

À peu d'années près, Catherine aurait pu être l'une de ces directrices en pleurs dans le bureau d'Olivier. Quelques minutes après le début de notre entretien, sa voix se trouble. « *Je suis tenace mais ce n'est plus possible. Ce système malmène tout le monde. C'est ma responsabilité de témoigner* », lâche-t-elle, au bord des larmes. Son parcours ressemble à celui de nombreuses professionnelles de la petite enfance : une carrière sur le terrain, puis l'envie de progresser. Un poste de cadre en tant que coordinatrice d'une quinzaine de crèches dans la région Auvergne-Rhône-Alpes pour un grand groupe. Des journées à rallonge, le sentiment de perte de sens, la pression, l'épuisement permanent et le burn-out qui explose « *logiquement* », comme une fatalité. En arrêt maladie lorsque nous l'appelons, Catherine sait déjà qu'elle ne reviendra pas.

Cette quinquagénaire ne découvre pas la crise majeure qui traverse le secteur : manque de professionnelles qualifiées, pénurie de places ou salaires « *au lance-pierre* ». Tout cela, elle l'a intégré depuis longtemps. Mais son quotidien a été chamboulé il y a quelques années, quand son entreprise de crèches a été rachetée par un « *mastodonte* » du secteur. Dans leurs bagages, les nouveaux dirigeants ont amené de nouveaux mots : des « *process* » pour optimiser la performance de l'entreprise, qui écrasent tout sur leur passage et dépouillent les professionnelles de leur marge de manœuvre. Des *« revues mensuelles d'activité »*, pendant lesquelles les directeurs de crèche sont passés au gril par leurs *« N+1 »*. Des fiches d'objectifs et leur cortège de données chiffrées. Des primes de résultats, liées au remplissage de la crèche ou à d'autres indicateurs de performance.

En tant que coordinatrice, Catherine est la courroie de transmission entre le siège du groupe et les équipes sur le terrain. *« Entre le marteau et l'enclume »*, dit-elle. Bien sûr, il y a la pénurie de personnel, le stress de gérer des crèches avec des budgets serrés, le turnover permanent. *« Dans mes 15 crèches, seul un quart des équipes sont stables depuis deux ans, comment voulez-vous construire un accueil correct dans ces conditions ? »* Mais ce qui plombe le plus Catherine, c'est ce sentiment de ne pas être en accord avec ses propres valeurs. *« On vend du rêve aux familles. »* Les jolis prospectus de son employeur parlent de respect du rythme de l'enfant, de pédagogies innovantes, de crèches écolos ou bilingues. *« Aux yeux du public, nous passons pour des passionnées avec un dévouement presque religieux, mais derrière, ça ne suit pas. Je suis heurtée dans mes convictions profondes que la petite enfance est là pour assurer de bonnes fondations aux tout-petits. Si on ne peut plus le faire, tout s'effondre »*, soupire-t-elle.

En toile de fond, la peur de l'erreur ou du drame irréparable. En juin 2022, Catherine a été secouée par le décès d'un enfant de onze mois au sein d'une crèche du groupe People&Baby à Lyon. *« Quand vous avez la tête dans le guidon, vous ne pouvez plus garantir la sécurité des enfants.*

Je pense que beaucoup de directrices se sont dit “ça aurait pu arriver dans ma crèche”. »

Comme Catherine, nombreux sont les cadres des grandes entreprises de crèches françaises à ressentir un malaise croissant au quotidien, avant de claquer la porte pour certains d'entre eux. Diplômés de la petite enfance, mais aussi d'écoles de commerce ou de management, ils ont été les rouages, parfois zélés, d'un système qui a érigé la rentabilité en pierre angulaire de l'accueil d'enfants. Jusqu'au déclic : l'anecdote de trop, le burn-out, une démission ou un licenciement pour ceux qui osent faire part de leur colère en interne. Au moment de nous parler, la plupart ont demandé l'anonymat, par crainte de représailles ou de se griller professionnellement.

« Oui, j'ai participé au système. D'abord, j'ai cru aux beaux discours de ces boîtes. Puis, j'ai fermé les yeux », lâche par exemple Clémentine*. Après un passage dans le secteur du tourisme ou de l'industrie, la jeune femme a travaillé pendant plusieurs années pour Les Petits Chaperons Rouges dans le sud de la France, en tant que *« responsable de développement »*. Elle ne souhaite pas que nous donnions plus de précisions. *« Mon job, c'était de créer des crèches coûte que coûte, d'ouvrir vite et de commercialiser vite »*, résume-t-elle. *« Il y a une course entre les grands groupes. Une fois qu'une crèche est installée, elle va rester longtemps. Babilou veut prendre la place avant Les Petits Chaperons Rouges, qui ne veulent pas*

se faire doubler par La Maison Bleue... Il faut occuper le territoire en premier. »

En quelques années, Clémentine a piloté l'ouverture de 8 crèches. Une cadence soutenue : il faut dénicher un local à louer, voire le construire, monter les dossiers administratifs auprès de la Protection maternelle et infantile et de la CAF, démarcher des entreprises ou des collectivités pour qu'elles réservent des places ou assurer le recrutement. « *Tout ça avec une pression énorme de la direction nationale. Ces groupes sont les seuls à pouvoir injecter un million d'euros pour créer une crèche. Mais derrière, ils veulent un retour rapide sur investissement* », souffle-t-elle.

Tous les détails comptent, à commencer par le choix du local. « *Chaque mètre carré est à rentabiliser* », pointe Clémentine. « *S'il en faut 110 pour être dans les clous de l'administration et que vous proposez de louer un local de 130 mètres carrés à votre direction, votre projet est retoqué : on vous dit que c'est de la place perdue. Pour quelques centaines d'euros de loyer !* » se souvient l'ancienne cadre. Tout est calculé au plus juste. Seul compte l'Ebitda, le bénéfice avant impôt en bas des comptes. « *Les directions n'ont plus de notion de la réalité du terrain, la plupart des cadres régionaux ou nationaux n'ont aucune expérience dans la petite enfance.* »

Certains cadres ne font qu'un passage éphémère dans l'industrie des crèches. Pour ces commerciaux, formés à la vente de tout type de produit, l'expérience n'est qu'une ligne de plus sur le CV. À l'image de Justin Presson, employé quelques mois en 2022 aux Petits Chaperons Rouges à Toulouse, en tant que chargé d'affaires, après un passage par les télécoms et la cybersécurité. Sans connaissance de la petite enfance, il se retrouve catapulté à la tête de 9 crèches à remplir. Son travail consiste alors à convaincre des entreprises de réserver des places pour leurs salariés. Parmi ses clients figurent les fleurons de l'industrie aéronautique locale comme Dassault ou Airbus. « *En général, on reçoit les demandes des parents. Ensuite, on essaie de remonter aux employeurs. On peut prospecter si on a besoin de remplir plus vite* », explique-t-il.

Pour « prospecter », tous les moyens sont bons. « *Quand je suis arrivée, on nous demandait d'aller coller des affiches au Bricorama ou à Auchan pour recruter des familles* », raconte Céline, directrice de crèche de 2018 à 2022 aux Petits Chaperons Rouges en région parisienne. Elle le fera une ou deux fois, à contrecœur, pour tenter de trouver les 1 200 heures d'accueil occasionnel que lui demande sa direction. « *On avait des primes, dont une liée directement au remplissage* », précise-t-elle. Quelques mois plus tard, nous mettrons la main sur le tableau récapitulant ces primes, confirmant son témoignage.

Pour persuader les entreprises, les groupes de crèches mettent en avant la qualité de vie au travail des salariés, la facilitation des futures embauches et la fidélisation des salariés. « *On discute beaucoup avec les ressources humaines des entreprises, pour leur expliquer que si leurs salariés ont une place à côté de chez eux, ils seront plus disponibles, moins absents* », détaille Justin Presson. Avec un argument massue : jusqu'aux trois quarts du prix des places sont pris en charge par l'État, via des crédits d'impôts. De quoi financer une politique de responsabilité sociale à moindres frais.

« *Ce qu'on vend, c'est d'abord un service aux entreprises* », abonde Amaury Chaumette. Cet ancien cadre des Petits Chaperons Rouges sait de quoi il parle : pendant plus de dix ans, ce commercial a travaillé chez Onet, leader français du nettoyage et de la sécurité humaine, avant d'être débauché par le groupe de crèches. De 2016 à 2020, il a occupé le poste de directeur des ventes aux Petits Chaperons Rouges « Grand Sud ». Depuis le siège régional d'Aix-en-Provence, il encadrait une vingtaine de commerciaux pour piloter les près de 150 crèches de son territoire. En trois ans, il a accompagné l'ouverture d'une vingtaine de structures.

« *Une place en crèche, c'est un avantage qu'une entreprise donne à ses salariés. Comme un Ticket Restaurant* », résume-t-il. Mais cet avantage n'est pas que philanthropique. Sur son site, Les Petits Chaperons Rouges assurent que ce service permet « *l'amélioration de la productivité* » des salariés et constitue « *un levier de performance économique et sociale* » pour ses clients. « *On avait calculé que le retour sur investissement est de 8 % pour les sociétés qui nous réservaient des places* », raconte Amaury Chaumette.

L'opération est aussi rentable pour l'entreprise de crèches. « *Ce n'est plus l'eldorado d'il y a quinze ans, mais ça reste très intéressant »*, estime Amaury. Depuis, le secteur est devenu très concurrentiel et les marges des entreprises se sont réduites. La rentabilité est surveillée de près, tout au long de l'année, au niveau local, régional, national… De là à parler d'un business déshumanisé, comme dans les maisons de retraite ? Amaury s'en défend. Même si le groupe Grandir-LPCR est adossé à un fonds d'investissement, *« il reste assez bienveillant »*, estime-t-il. *« Oui, peut-être que la pression pour tourner à plein régime sera plus forte que dans le public »*, admet-il. *« Mais il y a aussi des gros investissements sur le volet pédagogique, on reste dans une logique qualitative »*, plaide-t-il.

Dans le milieu, le Graal est de signer un contrat avec de grandes entreprises ou des ministères présents sur tout le territoire. Faire affaire avec L'Oréal, Total, le ministère de l'Intérieur ou EDF, c'est la garantie de centaines de places commercialisées. Mais pour y parvenir, les groupes doivent être implantés partout en France, voire à l'étranger, pour que chaque salarié de ces multinationales puisse disposer d'une structure proche de chez lui. *« Le nerf de la guerre, c'est le maillage territorial »*, confirme Amaury Chaumette.

Afin d'augmenter ce maillage, les groupes rachètent, créent des structures ou bien nouent des partenariats avec d'autres crèches. Certaines entreprises comme Ma place en crèche ou Crèches pour tous (le réseau de People&Baby) se sont spécialisées dans cette activité. Elles deviennent alors des « bookers », que l'on peut comparer à des entreprises de courtage. Ces apporteurs d'affaires proposent les places de leurs crèches partenaires à des employeurs ou à des particuliers, moyennant une commission. Des grossistes en berceaux, en quelque sorte.

Car il faut remplir, coûte que coûte. Quelle que soit l'entreprise, la moindre place vacante, même une demi-journée, est vue comme un manque à gagner. Qu'importe si les professionnelles sont déjà à bout de souffle. « *C'est comme un avion : vous avez des charges fixes pour un trajet, donc il faut remplir au maximum* », détaille Clémentine. Les directrices de crèche sont donc incitées à « *faire de l'occasionnel* », c'est-à-dire à faire signer des contrats à des familles pour quelques heures éparpillées çà et là. « *On cherche des bouche-trous* », résume notre interlocutrice.

Selon la jeune femme, les marges nettes des crèches qu'elle pilotait étaient « *importantes* » sans que rien ne soit redistribué au personnel souvent payé au Smic, qui sert pourtant de « *variable d'ajustement* », déplore-t-elle. Et d'évoquer, elle aussi, les « *revues de périmètres* », ce moment où les directrices rendent des comptes à leurs supérieurs. « *Ça se fait avec un enrobage de bienveillance. On ne leur dira jamais : "Il faut que tu rationnes les enfants"* », raconte Clémentine. « *Mais elles n'ont pas beaucoup de leviers, à part ne pas remplacer quelques absences ou grappiller sur quelques fournitures. Sauf que les filles sur le terrain le prennent en pleine tête !* »

« *Les consignes sont orales, parce que nous sommes parfois en dehors des clous* », souffle Bertrand*. Jusqu'au début de l'année 2022, ce cadre a été le coordinateur de 7 crèches d'un des plus gros groupes du secteur, en Bourgogne. « *L'obsession de la direction, c'est de ne pas avoir de gras, pas de personnel en trop* », raconte-t-il. Quitte à flirter avec la ligne rouge. « *Régulièrement, sur certaines plages horaires, on arrivait à 12 enfants pour une professionnelle, au lieu de 6 autorisés. La direction était parfaitement au courant. Elle disait que le directeur devait donner un coup de main, voire l'agent de service. L'idée d'un recrutement ou d'un intérimaire n'était jamais envisagée.* »

À Paris, Céline se souvient de ces enfants affectés dans une crèche du jour au lendemain par les commerciaux des Petits Chaperons Rouges. « *On n'a pas trop le choix* », dit-elle. Difficile pour une directrice de demander à ses chefs de calmer le rythme. Les professionnelles préfèrent subir ou partir plutôt que de se battre contre des cadres qui ne connaissent pas le milieu de la petite enfance. « *Une de mes responsables venait de Pizza Hut !* » Des profils de ce type, nous en croiserons des dizaines au cours de nos recherches. Les membres de direction des grands groupes viennent de McKinsey, de Danone, de Casino, d'Ernst & Young, de KPMG ou encore d'Etam. Avoir vendu des yaourts ou des projets immobiliers aide-t-il à gérer une entreprise de crèches ?

Les plus anciens gardent en mémoire le virage qu'ont pris les crèches privées à l'orée des années 2010. Quand les groupes ont commencé à se racheter entre eux pour créer des poids lourds de *« l'industrie des crèches »*, comme l'évoque Gabrielle*, directrice passée par Les Petits Chaperons Rouges, Crèche Attitude et Liveli-Sodexo. *« C'est toujours la même chose : au départ le réseau reste à taille humaine, sans trop de pression. Après un rachat, les "coupeurs de têtes" arrivent, des cadres nommés pour faire du chiffre. »* Le début des nuits blanches et des tensions. *« Je me souviens d'un dirigeant du groupe qui m'avait incendiée parce que mes équipes s'étaient mises en grève »*, raconte-t-elle. Lassée, Gabrielle finit par trouver un poste auprès d'un groupe de crèches mutualistes. *« C'est le jour et la nuit. Chez eux, quand il me manque trop de personnel, la fermeture est envisageable. Ils me soutiennent. Les enfants ne sont pas des boîtes de conserve que l'on peut trimbaler partout. »*

Les désillusions sont parfois rapides. Pendant quelques mois, Mathilde* a été *« la bonne élève »*, selon ses mots. Psychologue de formation, d'abord passée par l'Éducation nationale, elle se tourne vers la petite enfance avec l'envie *« d'agir à la source »*. Elle devient directrice d'une micro-crèche de l'entreprise Liveli, une filiale de Sodexo, rachetée en 2021 par le groupe Grandir-Les Petits Chaperons Rouges. *« Je voulais mettre en place plein de projets. J'ai vite déchanté, c'était l'usine à bébés*, dénonce-t-elle. *Mes trois salariées étaient surtout formées pour changer les couches et donner à manger aux enfants, mais pas vraiment sur le développement émotionnel de l'enfant. »* Très vite, elle comprend aussi que ces concepts n'intéressent pas beaucoup son employeur. « *Lors de la première réunion, on nous projette des tableaux statistiques, des objectifs de toutes sortes. Jamais le projet pédagogique n'est vraiment abordé.* »

Les micro-crèches ne peuvent être rentables que si elles sont remplies à fond. Mathilde joue le jeu. Quand une place est vacante, elle met un message sur le groupe Facebook de la commune où se trouve sa crèche pour signaler qu'une demi-journée s'est libérée. « *On nous demandait d'être des commerciaux. Au premier trimestre, j'ai même eu une prime de 80 euros parce que j'étais dans le top 5 des meilleurs taux de remplissage du groupe* », raconte-t-elle. Quand nous contacterons la direction des Petits Chaperons Rouges, plusieurs mois plus tard, l'entreprise expliquera qu'elle ne fait que répondre aux demandes des pouvoirs publics qui incitent à proposer des places d'accueil occasionnelles ou d'urgence pour répondre aux besoins des familles. « *Insinuer que les gestionnaires du secteur privé marchand font du "remplissage" alors qu'ils ne font qu'appliquer la loi est particulièrement révoltant* », nous fera-t-elle savoir.

L'ancienne directrice évoque le « *rythme infernal* » auquel étaient soumis les salariés pour compenser le sous-effectif chronique : « *C'est usant, on n'imagine pas à quel point. On est toujours dans le rush, il y a forcément des choses qu'on laisse de côté.* » En moins d'un an, Mathilde stresse, somatise, se bloque le dos, puis fait – elle aussi – un burn-out avant de partir en rupture conventionnelle. « *Moi, j'ai su m'arrêter à temps, mais d'autres restent parce qu'elles n'ont pas le choix* », s'inquiète-t-elle.

Pour Clémentine*, dans le sud de la France, la goutte d'eau a été de voir une crèche ouverte en cours d'année n'accueillir que des nourrissons pour qu'elle se remplisse au plus vite, sans prendre le temps de trouver des contrats concernant des enfants plus âgés et équilibrer les tranches d'âge dans la structure. « *Quand je voyais les professionnelles avec 10 bébés, des tout-petits, je me disais que personne ne pouvait faire correctement son travail* », se souvient-elle. Avec le recul, elle assure avoir essayé de rester « *la plus humaine possible* » pour « *limiter les effets collatéraux* » sur les familles et le personnel. « *Mais aujourd'hui, je regrette surtout d'y être allée. Je pense que la petite enfance ne devrait pas être un service privé. C'est incompatible avec un accueil de qualité* », estime-t-elle.

Sous pression, en burn-out lui aussi, Bertrand, le coordinateur de 7 crèches d'un grand groupe en Bourgogne, finit par commettre une erreur en oubliant d'envoyer un document administratif dans les temps. Déjà en conflit avec son entreprise auprès de laquelle il avait fait remonter des dysfonctionnements, il est licencié et se reconvertit dans un tout autre métier. « *Quand j'ai commencé dans la petite enfance, on parlait pédagogie, bien-être des enfants. À la fin, il n'y avait plus que le fric qui comptait* », résume-t-il. Avant de lâcher : « *J'étais presque soulagé de me faire virer.* »

Combien sont-ils, comme Bertrand, ces cadres qui continuent de jouer le jeu tout en espérant en sortir au plus vite ? Ces techniciens du chiffre qui évitent de se poser trop de questions sur la réalité derrière les lignes budgétaires ? En nous lançant dans cette enquête, nous pensions parler à des puéricultrices épuisées, pas à des commerciaux cyniques ou des informaticiens écœurés d'avoir été des rouages de la grande machine à presser les enfants.

Ces cadres jouent pourtant un rôle essentiel dans l'évolution de la petite enfance. Ce sont eux qui calibrent les budgets, mettent la pression, rappellent les objectifs, accordent ou non une rallonge… Mais souvent sans avoir vécu le stress d'une crèche surchargée ou d'une collègue absente. Sans cette expérience de terrain, seul le chiffre reste. Ce chiffre, froid comme un bilan comptable, déshumanisant, qui finit par supplanter tout le reste. Tous les éléments sont réunis pour que le système craque.

5

People&Baby, un an de scandales

« *Offre découverte* » et « *premier mois offert !* ». Ce mois de mars 2023, c'est les soldes chez People&Baby. Sur son site, le groupe de crèches prend des accents d'opérateur téléphonique, en vantant une offre « *sans engagement* » pour appâter le chaland. C'est satisfait ou remboursé. Les parents peuvent rompre le contrat de leur enfant à tout moment s'ils décident de ne pas prolonger davantage. L'annonce fait bondir le Syndicat national des professionnel·le·s de la petite enfance, qui rappelle aussitôt que « *les enfants ne sont pas des marchandises* » et que l'épanouissement des enfants doit l'emporter sur la recherche de bénéfices. Pas de quoi faire douter le groupe, qui renouvelle l'opération sur son site en prévision de la rentrée de septembre.

Après une année de tempête, le groupe a besoin de remplir ses crèches, quitte à brader un peu ses places. Il y a un an, le pire est arrivé. Le 22 juin 2022, Myriam J., vingt-sept ans, employée de la crèche Danton Rêve de People&Baby, dans le IIIe arrondissement de Lyon, s'occupe de l'ouverture.

Elle doit faire le ménage des lieux et accueillir les premiers enfants. Vers 8 heures, une fillette de onze mois, tout juste laissée par son père, rampe et s'agrippe à sa jambe pendant qu'elle nettoie l'une des pièces. À bout de patience, l'employée lui fait ingérer du Destop, un produit pour déboucher les toilettes, puis retourne travailler. Quelques minutes plus tard, d'autres parents arrivent à la crèche. Paniquée, Myriam J. les mène vers la fillette qui a commencé à convulser. Prise en charge par les urgences, l'enfant décède vers midi. À 14 heures, Myriam quitte la crèche et erre dans le parc de la Tête-d'Or, tout proche. Sur son téléphone, elle cherche des mots-clefs comme *« produit déboucheur / avale / enfant »*, selon France Info, qui a eu accès à ces éléments de l'enquête.

Rapidement placée en garde à vue, Myriam J. commencera par évoquer un *« accident »* avant de reconnaître avoir *« pété un plomb »* lors d'une seconde audition. Elle voulait terminer son ménage à temps. Elle indique qu'excédée par les pleurs de l'enfant, elle l'a aspergée puis lui a fait ingérer le produit caustique, sans avoir l'intention de lui donner la mort, comme le relate le procureur de Lyon dans une conférence de presse. Myriam J. est mise en examen pour homicide volontaire et placée en détention provisoire. Devant les policiers, elle aurait évoqué son état de fatigue, une dispute avec son petit ami en détention, une fausse couche quelques semaines plus tôt, comme l'a révélé France Info. À l'heure où nous bouclons ce livre, l'instruction judiciaire est toujours en cours.

« Pétage de plombs » sur fond de problèmes personnels, ou problème plus systémique ? Le drame attire en tout cas l'attention sur les conditions de travail dans la petite enfance, et plus particulièrement sur People&Baby. Dans les mois qui suivent, une série de témoignages qui visent l'entreprise sortent dans la presse. Presque inconnue du grand public il y a encore un an, People&Baby est devenue l'entreprise par qui le scandale est arrivé. L'épicentre d'une vague de témoignages et de débats sur les conditions d'accueil dans les crèches de France.

À Lyon, une famille rappelle avoir porté plainte en 2021 dans une autre crèche après avoir constaté des traces de morsures sur leur enfant, l'affaire sera classée sans suite. En juillet, dans les Yvelines, une mère porte plainte contre une employée de la crèche People&Baby des Mureaux en affirmant que son enfant a été secoué violemment sous ses yeux. Des accusations réfutées par l'entreprise qui estime que les actes de maltraitance ont été *« inventés de toutes pièces »* par la plaignante. La plainte est classée sans suite quelques mois plus tard.

Toujours pendant l'été 2022, la crèche Eden Art de Bordeaux est fermée trois mois par la préfecture de Bordeaux après un rapport de la Protection maternelle et infantile de Gironde évoquant des *« comportements inadaptés de trois professionnels encadrant des enfants »*, notamment des *« cris et paroles inappropriés lors des sorties dans l'espace extérieur situé sur le parking de l'immeuble »*, comme le relate l'AFP.

Le rapport du médecin de la PMI cité par l'agence de presse mentionne un *« mal-être des enfants »* et un *« climat de découragement et d'insécurité dans la crèche »*. Le lieu rouvrira finalement un mois plus tôt après contestation de People&Baby devant le tribunal administratif.

À Metz, en décembre 2022, une famille porte plainte à son tour pour *« violence sur mineur »* à l'encontre d'une crèche du groupe, après avoir récupéré son enfant présentant selon elle un « œil en sang », comme le relate notamment France 3. De son côté, People&Baby dénonce des *« affirmations non étayées »* et affirme qu'une enquête interne aurait montré qu'une conjonctivite était la cause la plus probable de l'incident. L'entreprise annonce vouloir porter plainte pour diffamation contre les parents.

En avril 2023, un avocat parisien ayant signé un contrat d'accueil avec l'entreprise pour l'un de ses enfants indique au journal *Le Parisien* avoir assigné en justice People&Baby pour *« tromperie »*. Il réclame notamment la nullité de son contrat en estimant que les plaintes visant l'entreprise ont occasionné une *« rupture de confiance »* et en pointant également un trop grand nombre d'enfants inscrits dans la crèche de son enfant. Des accusations là encore contestées formellement par People&Baby qui a annoncé le dépôt d'une plainte pour diffamation.

Cette vague médiatique a mis en lumière d'autres affaires. Dans le Nord, une infirmière et la directrice d'une crèche du groupe à Villeneuve-d'Ascq doivent ainsi comparaître pour « violences sur mineurs » sans incapacité et

« privation de soins et d'alimentation » devant le tribunal correctionnel de Lille. 9 enfants figurent dans ce dossier, pour des faits subis entre 2019 et 2021. Les familles se sont constituées en un collectif. Pendant l'été 2022, la première plaignante, une médecin installée dans le Nord, lance un appel à témoignages et reçoit des dizaines de réponses pour signaler d'autres faits, partout en France. L'affaire suscite l'attention des médias et du monde politique. En mai dernier, le député La France insoumise William Martinet, mobilisé sur ce sujet, vient même assister à l'audience au tribunal de Lille. Le procès est finalement renvoyé à janvier 2024, les prévenues ayant demandé des compléments d'information. Dans ce dossier, le groupe People&Baby n'est pas poursuivi.

Face à cette vague d'accusations, People&Baby a opté pour une stratégie de défense très offensive, en contestant systématiquement les allégations dans ses communiqués et en annonçant des poursuites judiciaires à l'encontre des accusateurs. Sollicité dans le cadre de ce livre, le groupe tempère d'emblée. Il estime que cette série d'accusations provient du *« climat anxiogène résultant du décès de Lyon et du rapport de l'Igas »*, qui aurait entraîné selon lui *« des surréactions des familles avec la tentation de se tourner vers la presse ou la justice »*. Le groupe dit comprendre cette inquiétude et s'efforcer de *« rassurer sur la survenue de "petits bobos du quotidien", comme il peut arriver dans tout lieu d'accueil d'enfants, afin que cela ne donne pas lieu à des interprétations erronées »*.

L'entreprise rappelle qu'elle ne fait l'objet d'aucune plainte directe de parents, les procédures judiciaires visant seulement des salariés à titre personnel, et pas le groupe en tant que tel.

People&Baby est un gros poisson. Pas le genre à se laisser faire. Elle a été fondée en 2004 par l'entrepreneur Christophe Durieux et la puéricultrice Odile Broglin, associés quelques années à Thomas Fabius, le fils de l'ancien Premier ministre socialiste Laurent Fabius. People&Baby est aujourd'hui le troisième groupe français le plus important, avec près de 700 crèches. Un géant qui compte 7 000 salariés et accueille quotidiennement environ 14 000 enfants.

En parallèle de ses crèches gérées en direct, l'entreprise a développé avec son réseau de partenaires le service CrèchesLib'. Cette plateforme en ligne offre la possibilité de réserver des demi-journées de crèche en quelques clics, jusqu'à quarante-huit heures avant la date choisie. Un Doctolib de la garde d'enfant, en quelque sorte, flexible et rapide, qui suggère aux parents de réserver une crèche près de chez eux *« et pourquoi pas une autre sur votre lieu de vacances ? »*. Une stratégie visiblement payante : les deux fondateurs et seuls actionnaires du groupe figuraient en 2022 parmi les 500 plus grandes fortunes de France dans le classement du magazine *Challenges*, avec des actifs estimés à près de 200 millions d'euros.

Les médias ne sont pas les seuls à scruter à la loupe People&Baby. Après le drame de Lyon, l'entreprise a fait l'objet d'une vague de contrôles de la part des services de Protection maternelle et infantile de France. Un an après, la direction fait savoir que 287 de ses crèches ont été contrôlées depuis juin 2022, avec 117 comptes rendus produits par la PMI. Des inspections faites à la demande de People&Baby, affirme le groupe, qui assure que les contrôles ont seulement donné lieu à des remarques « *classiques* », visant principalement « *la mise à jour d'affichages administratifs* », la « *communication des équipes actualisées suite à des recrutements* » ou des « *petits travaux d'entretien* ».

Le raccourci est un peu rapide. Nous avons pu notamment obtenir des rapports effectués par la PMI dans la métropole de Lyon, à l'été 2022. Dans les semaines qui ont suivi le décès à la crèche Danton Rêve, l'ensemble des 35 crèches gérées localement par le groupe ont fait l'objet de contrôles inopinés. Une méthode rarissime, ces visites étant en général planifiées. Leur contenu met en lumière un certain nombre de dysfonctionnements.

Le 28 juin 2022, six jours après le décès de la fillette, un agent de la PMI débarque dans les locaux de la micro-crèche Nido de Sévigné, près de la place Bellecour, en plein cœur de Lyon. Le contexte est particulier : la police nationale a signalé à la PMI qu'une plainte pour violences sur un enfant a été déposée par une famille de la crèche, fin 2021, après une morsure découverte par les parents. Un incident dont la PMI n'avait pas été informée. La plainte sera classée sans suite, mais les services de la métropole veulent quand même faire un point.

À la suite de l'incident à l'origine de la plainte, l'agent *« suspecté »*, qui avait aussi *« un positionnement professionnel inadapté »*, a été licencié, indique le rapport. Interrogé, People&Baby précise que des parents ont souhaité retirer leur enfant de la crèche suite à une morsure d'un autre enfant sur leur fille, en novembre 2021. *« People&Baby a respecté la procédure de signalement interne qui n'impose pas de prévenir la PMI dans ce cas »*, précise le groupe via son agence de communication Havas. Il assure n'avoir été lui aussi informé qu'à l'été 2022 du dépôt de plainte de la famille.

Reste que cette structure, déjà visitée à deux reprises au printemps, semble rencontrer des difficultés depuis un moment. En avril, la PMI avait ainsi découvert la présence de deux nouveaux agents en poste, sans que ce changement ne lui ait été signalé. Pire, ces salariés ne connaissaient ni le protocole ni le projet pédagogique de la crèche, précise le médecin venu visiter les lieux. À deux reprises, le personnel va jusqu'à le laisser seul avec les enfants. *« Un certain laisser-aller ou manquement semblait être présent »*, note l'agent du Grand Lyon, qui souligne que l'arrivée d'une nouvelle directrice devrait remettre un cadre dans la structure. Malgré ces remarques, la PMI émet tout de même un avis favorable à la poursuite de l'activité de la crèche.

Quelques jours plus tard, un agent de la PMI se rend cette fois dans la micro-crèche Cocon d'Éveil, dans le IIIe arrondissement, à quinze minutes à pied de la crèche

Danton. Au quotidien, cette autre micro-crèche accueille 12 enfants, ce qui est déjà *« trop important »*, comme le déclare une employée de la structure à l'inspectrice. Mais le groupe People&Baby souhaite augmenter ce nombre à 14 enfants, comme la loi l'y autorise. Pourtant, tout montre, lors de ce contrôle, que les conditions ne sont pas complètement réunies. La dernière visite datait de décembre 2019. Depuis, l'équipe n'arrive toujours pas à se stabiliser. La référente technique *« [se sent] seule »*.

Dans son rapport, la PMI pointe plusieurs dysfonctionnements, notamment la réalisation de travaux de peinture en présence des enfants. Sur ce point, People&Baby se veut rassurant : les enfants ne sont *« jamais dans la même pièce que le peintre »* et les prestataires doivent utiliser de *« la peinture écolabellisée, donc non toxique »*, nous précise-t-on. La PMI souligne aussi que le projet pédagogique ne suit pas *« en raison de l'instabilité de l'équipe »*. L'inspectrice constate *« trop d'agitation »*. Visiblement, la personne en charge du recrutement n'est *« pas informée de l'obligation des deux ans d'expérience pour intégrer une micro-crèche »*, note-t-elle.

La visite est aussi l'occasion d'évoquer le cas de parents qui se sont plaints d'une brûlure sur l'avant-bras de leur enfant âgé de un an. La mère de famille soupçonne une professionnelle d'avoir porté l'enfant à hauteur du four. La crèche rétorque que la cuisine est interdite aux enfants et que les parents étant fumeurs, cela a dû se produire chez eux. L'agent du Grand Lyon conseille à la crèche de faire preuve de plus de transparence et de faire remonter ce genre de situation à la PMI. *« Cette situation du 20 juin 2022, à la crèche Nido de Sévigné, a fait l'objet d'une enquête qui conclut qu'aucune certitude ne peut être établie sur le fait que cette marque rouge se soit produite à la crèche »*, indique le groupe People&Baby.

Plus loin, dans le bilan, l'agente de la PMI est catégorique à l'issue de sa visite : la micro-crèche ne respecte pas la Charte nationale pour l'accueil du jeune enfant, inscrite dans la loi. Depuis un arrêté ministériel de septembre 2021, cette charte est devenue une référence dans les lieux d'accueil du jeune enfant. On peut la voir généralement affichée à l'entrée des crèches. La charte préconise notamment un accueil bienveillant, du personnel bien formé ou encore un environnement *« beau et sain »*.

Même en interne, la gestion de People&Baby ne fait pas l'unanimité. Mais les salariées qui osent élever la voix ne sont pas toujours accueillies à bras ouverts. Depuis plus de dix ans, quatre anciennes employées de la halte-garderie Giono, dans le XIIIe arrondissement de Paris, contestent ainsi leur licenciement survenu en 2010, au lendemain d'une grève. Membres de la Confédération nationale du travail (CNT), elles avaient d'abord réussi à faire reconnaître l'existence d'une discrimination syndicale dans ce dossier. Les salariées s'appuyaient notamment sur les conclusions de l'Inspection du travail rendues à l'époque, dont le contenu a été publié par *Mediapart*, qui soulignait que les activités de la section syndicale de la crèche étaient

« étroitement surveillées » par l'entreprise. Mais le jugement a été infirmé par la cour d'appel en 2017, obligeant même les salariées à rembourser plusieurs dizaines de milliers d'euros d'indemnités. L'affaire a été portée devant la Cour de cassation en mars 2023.

À Villeurbanne aussi, Béatrice* a payé ses prises de position trop critiques envers son employeur. Cette éducatrice de jeunes enfants travaillait au sein de la crèche Palomitas, rachetée en 2018 par une filiale de People&Baby. *« Jusqu'ici, l'équipe était stable, l'ambiance super »*, se souvient-elle. Elle devient référente technique de la micro-crèche, l'équivalent d'une directrice. Mais, dans les années qui suivent ce rachat, elle raconte avoir constaté plusieurs dysfonctionnements. Notamment des commandes de couches ou de jeux qui mettaient plusieurs mois à arriver. Sur ce point, People&Baby nous a répondu brièvement qu'il est *« possible que certaines livraisons soient exceptionnellement incomplètes et que la directrice doive compléter par des achats complémentaires remboursés par le biais de notes de frais »*.

Béatrice évoque aussi les murs de la crèche en mauvais état, ou des trous apparus dans le sol de la cour où jouent les enfants. Dans le milieu depuis de nombreuses années, elle n'a pas sa langue dans sa poche et n'hésite pas à interpeller sa hiérarchie. En juin 2020, elle écrit une première fois à la direction du groupe pour signaler *« une très forte dégradation des locaux intérieurs et extérieurs »*. En septembre, elle fait part de la *« grande démotivation »* et de la « *fatigue générale* » de son équipe. Dans un e-mail de novembre 2020, le responsable opérationnel Auvergne-Rhône-Alpes de People&Baby lui répond à propos de la situation de la cour extérieure : « *Son état actuel (trous, sol irrégulier) ne présente pas les gages de sécurité que nous attendons de nos structures* », écrit-il. Il indique avoir lancé des demandes de devis auprès de prestataires pour y remédier et son intention de se rapprocher du propriétaire des locaux censé prendre en charge les travaux. Mais les semaines passent, et rien ne bouge vraiment.

De guerre lasse, Béatrice décide d'appeler directement au téléphone Christophe Durieux, le patron de People&Baby, qui lui répond brièvement ne pas être informé de cette situation. Quelques semaines plus tard, cet appel lui vaut un avertissement de la part de son employeur, qui lui reproche d'avoir court-circuité sa hiérarchie et d'avoir adopté un « *ton agressif* » avec le dirigeant de l'entreprise. En mai 2021, éreintée, elle finit par être mise en arrêt maladie par son médecin. En juillet, elle est licenciée pour cause réelle et sérieuse. Il lui est reproché différents manquements professionnels et des fautes au niveau de la gestion de la crèche. Un licenciement qu'elle conteste devant les prud'hommes. Le jugement est attendu en septembre 2023.

À l'appui de ses démarches, Béatrice fait valoir que la gestion de la crèche par l'entreprise ne lui permettait pas de travailler correctement. Elle pointe en particulier plusieurs retards de paiement : « *Le prestataire de ménage n'a plus été payé régulièrement, obligeant l'équipe à s'adonner aux tâches ménagères dans le cadre d'heures supplémentaires »*, indique par exemple son avocate dans ses conclusions. Selon nos informations, la micro-crèche Palomitas de Villeurbanne n'a pas versé de loyer au propriétaire des locaux pendant quatorze mois entre janvier 2019 et mars 2020. *« Il y en avait pour plus de 17 000 euros, il a fallu presque leur mettre le flingue sur la tempe pour qu'ils paient, juste avant d'aller au tribunal »*, se souvient Fabrice Acconci, le bailleur. Sur la même période, la micro-crèche a reçu plusieurs courriers de mise en demeure et de menaces de contentieux de la part d'Eau publique du Grand Lyon, l'opérateur local du réseau d'eau potable, là aussi pour plusieurs factures impayées, de quelques centaines d'euros chacune. Interrogé sur ces points, People&Baby n'a pas répondu.

À l'autre bout de la France, l'entreprise est également accusée d'être mauvaise payeuse. Avec des sommes en jeu parfois bien plus importantes. En novembre 2021, le tribunal de Niort a condamné People&Baby à payer près de 340 000 euros au groupe Wesco, qui fabrique et vend des jouets et du matériel de puériculture, pour 124 factures impayées. L'entreprise a été contrainte de bloquer les commandes du groupe de crèches pour le forcer à payer. Le jugement a été confirmé en appel un an plus tard. Dans son arrêt, la cour rappelle que *« People&Baby a systématiquement réglé avec retard »* quelque 3 420 factures de son fournisseur.

Comble de l'ironie, People&Baby a aussi rechigné à payer… une autre entreprise de crèches. En octobre 2022, la cour d'appel de Paris l'a condamné à verser près de 4 000 euros aux Petits Chaperons Rouges, en règlement d'un litige de 2017. People&Baby avait « loué » des berceaux à son concurrent pour répondre occasionnellement à un client, mais n'avait pas honoré la totalité de ses versements. Au début de la procédure, Les Petits Chaperons Rouges réclamaient même près de 300 000 euros d'impayés à leur concurrent. Un montant finalement réduit à 15 000 puis 4 000 euros, au terme d'une bataille de chiffres entre les deux géants du secteur.

Parmi les grands réseaux de crèches commerciales, People&Baby occupe une place à part, un peu isolée. En 2011, le groupe a en effet quitté la Fédération française des entreprises de crèches (FFEC), qui rassemble pourtant les trois autres gros acteurs français, Babilou, Les Petits Chaperons Rouges et La Maison Bleue. Un départ survenu la veille d'un conseil d'administration qui devait se prononcer sur l'exclusion de l'entreprise, pour cause de non-respect de la charte de la fédération, précise Elsa Hervy, déléguée générale de la FFEC, sans donner plus de détails. De son côté, People&Baby explique avoir été *« contraint de démissionner »* à cause de son centre de formation, Enfance pour tous. Cette association, créée et pilotée par le groupe, gère par ailleurs une trentaine de crèches pour le compte de collectivités, mais sous-traite leur gestion économique à People&Baby, notamment pour les commandes de fournitures. Un montage perçu comme une forme de concurrence déloyale par la FFEC, tandis que People&Baby regrette un « *manque d'ouverture* » de la part du lobby du secteur commercial.

L'exposition des pratiques de People&Baby est du pain béni pour ses concurrents. Certains dénoncent les risques pris au détriment de la qualité de l'accueil. « *Il y a des acteurs comme People&Baby qui font des prix trop bas*, pointe notamment Claire Laot, directrice générale du groupe La Maison Bleue. *On n'a pas envie d'être associé à eux* », admet-elle. Le groupe Grandir-LPCR enfonce le clou. Sans viser directement People&Baby, mais en mentionnant « *certains acteurs qui ne font pas partie de notre fédération* », la direction de l'entreprise indique que « *l'ensemble du secteur privé ne peut pas endosser la responsabilité de certaines pratiques mercenaires, cavalières et parfois révoltantes* ».

Au cœur de la tourmente, l'entreprise People&Baby est pointée du doigt par ses concurrents comme par bon nombre de responsables publics. Le groupe contre-attaque face à chaque accusation : hors de question de devenir l'Orpea des crèches et d'endosser à lui seul la responsabilité de la dérive de tout un secteur.

6

Maltraitances systémiques

Des bébés jetés dans leur lit, des enfants contraints de manger jusqu'à vomir, des brûlures causées par des radiateurs ou des biberons bouillants. Des gamins *« parqués »* pour pouvoir faire le ménage, *« soulevés par les cheveux à hauteur d'adulte »*, attachés à une chaise en guise de punition. Un enfant que l'on oublie de nourrir une journée entière, ou sur lequel on s'assoit pour le forcer à rester dans son lit. Sans parler des menaces et insultes, *« je vais te tabasser »*, *« viens là, mocheté »*. La lecture des centaines de cas mentionnés dans le rapport de l'Inspection générale des affaires sociales (Igas), publié en avril 2023, est presque insoutenable. Saisis par le gouvernement après le drame de Lyon, les inspecteurs ont réalisé 300 auditions et recueilli des dizaines de milliers de témoignages de professionnels et de parents. Au terme de quatre mois d'enquête, près de 2 000 cas de maltraitance ont été recensés. Des témoignages impossibles à vérifier pour l'Inspection, car anonymes. Mais le choc est bien réel.

Dans certaines crèches, des enfants « *devaient rester avec les couches souillées en attendant du renfort* » ou étaient « *laissés en pleurs jusqu'à épuisement* ». D'autres témoins parlent d'enfants attachés sur leur transat ou à un radiateur, quand ils ne sont pas enfermés dans l'obscurité d'un dortoir. D'autres ont subi des « *privations d'eau* ». Certaines professionnelles à bout ou maltraitantes en venaient à jeter les enfants dans les lits, les pousser avec les pieds ou les humilier.

Si l'Igas rappelle qu'énormément d'établissements offrent un accueil de grande qualité, elle souligne aussi que cette qualité *est* « *particulièrement hétérogène* » et peut être « *très dégradée* » dans certaines crèches. Le rapport documente une « *maltraitance institutionnelle* » bien installée, et pointe « *les risques de dérives* ». Les salariés sont placés « *en situation de pouvoir vis-à-vis d'une personne en incapacité de se défendre, et, dans le cas des plus jeunes enfants, de s'exprimer* ». Les conditions de travail dégradées constituent « *un risque de premier plan* » en entraînant des « *dérives dans les pratiques professionnelles* », estime l'Igas. Parmi ces dérives : un rythme de travail « *à la chaîne* », une « *banalisation des faits de violence* » ou un « *manque d'identification des circuits d'alerte* ».

Pour améliorer l'accueil des jeunes enfants, l'Igas formule 38 recommandations. Les inspecteurs préconisent l'obligation pour tout établissement d'avoir au minimum deux professionnels présents, quel que soit le nombre d'enfants accueillis. Ils appellent aussi à considérer les normes d'encadrement actuelles comme des « *planchers* » permettant d'assurer la sécurité des enfants, et non pas comme un « *optimum* ». L'Igas propose aussi d'augmenter les contrôles de la PMI et de la CAF dans les établissements.

Face à cette déflagration, les grands groupes de crèches font le dos rond. Ils multiplient même les communiqués pour se féliciter de la publication de ce rapport. Le texte ne fait pas de focus sur le secteur privé, dont il reconnaît la « *dynamique positive* » dans un premier temps, mais il précise que l'évolution du secteur marchand a conduit à « *une dégradation progressive de la qualité d'accueil au profit de logiques financières* ». Moins d'un an après le scandale des Ehpad, le parallèle est facile.

La Fédération française des entreprises de crèches, le principal lobby du secteur privé commercial, monte au créneau. Il ne faut pas faire d'« *amalgame* », estime sa déléguée générale, Elsa Hervy, lors d'une interview en visioconférence. « *Beaucoup ont voulu faire le raccourci "Ehpad privé égale crèche privée". C'est un raccourci qu'on ne peut que réfuter. Dans les crèches, les parents viennent tous les matins et tous les soirs, ils peuvent contrôler visuellement les locaux et leur enfant* », fait-elle valoir. Surtout, elle souligne que « *la maltraitance sur enfants est d'abord une faute individuelle* ». Même si la pénurie de professionnels ou les faibles rémunérations peuvent être des « *raisons sous-jacentes* » à ces gestes, estime-t-elle.

Pourtant, certains cas de maltraitance peuvent être reliés en partie au management des entreprises et aux conditions de travail des salariés. « *Je vais me foutre en l'air* », « *je vais frapper un enfant* ». Voici un exemple des témoignages recueillis par le CHSCT[1] auprès de La Maison de la petite enfance d'Enghien-les-Bains, un ensemble de trois crèches gérées par Les Petits Chaperons Rouges pour le compte de la commune du Val-d'Oise. Nous nous sommes procuré un rapport d'expertise réalisé en 2018 par le cabinet Addhoc Conseil au sein de cette structure.

À cette époque, le CHSCT a décidé de mandater un cabinet spécialisé dans cette crèche de 115 places après avoir reçu plusieurs signaux d'alarme. Une pétition signée par la majorité du personnel évoque à l'époque « *un management par la terreur* » et une augmentation des licenciements pour faute grave.

Tout au long de son rapport, le cabinet précise avoir eu le plus grand mal à obtenir certains documents de la part de l'entreprise. Mais le diagnostic qu'il pose est sans appel. Il documente un turnover élevé qui « *déstabilise les équipes* » et « *épuise les ressources de ceux qui restent* », un taux d'absentéisme important, notamment pour cause de maladie professionnelle reconnue, une surcharge de travail

1. Les comités d'hygiène, de sécurité et des conditions de travail (CHSCT), remplacés depuis 2020 par les CSE, étaient des organisations représentatives du personnel en charge notamment de la protection des travailleurs et travailleuses.

pour les professionnelles. « *Le problème c'est qu'il y a trop d'enfants, ou… pas assez de pros* », témoigne un salarié.

Le rapport évoque un risque de perte de sens pour les professionnels, voire une situation de « *souffrance éthique* ». Les auteurs du rapport notent que les salariés « *ont honte de devoir privilégier des critères de gestion financière à leurs valeurs sociales* ». Cette « *obligation de mal faire son travail* » constitue un terreau fertile pour l'émergence de situations de maltraitance, mettent-ils en garde. La maltraitance peut aussi apparaître « *lorsque les professionnels n'ont plus d'autre solution que de forcer l'enfant (par exemple, le forcer à s'habiller, le forcer à se taire, le forcer à manger, le forcer à se déplacer)* », analyse le rapport.

Le risque n'est pas que théorique. Une procédure de licenciement pour acte de maltraitance était en cours au moment de la venue des experts. Les déclarations de salariés ayant témoigné auprès du cabinet illustrent bien le lien entre conditions de travail et risques pour l'enfant. « *Suis-je bienveillant quand je ne prends pas le temps de donner à manger aux enfants sinon ils n'auront pas de temps de sieste conséquent ? Parce que d'un autre côté, mon autre solution est de forcer un enfant à manger, et ça, c'est de la maltraitance* », estime l'un d'entre eux. « *Suis-je maltraitant quand je n'en peux plus et que je me mets à crier sur un enfant malgré moi ?* » s'interroge un autre.

L'existence de maltraitances dans les crèches est dénoncée depuis des années par certains observateurs. « *Vous avez vu le psy sur LinkedIn ? »* Ça ne loupe jamais, beaucoup de salariés que nous rencontrons citent les réflexions ou les coups de gueule de Frédéric Groux sur les réseaux sociaux. On le retrouvera à plusieurs reprises dans Paris, pour discuter et tenter de comprendre la situation dans les crèches. Cet ancien directeur de crèche, quarante-sept ans, est psychologue en crèche et pédiatrie. Il a été éducateur de jeunes enfants, sur le terrain. Pas du genre à être *« le psy silencieux dans son coin »*, blague-t-il, en arrivant, casque de moto à la main. Il a le débit mitraillette et beaucoup d'histoires à raconter. Son expérience dans la petite enfance a débuté dans une petite crèche associative près de Tolbiac, avec un confort de travail appréciable, 5 adultes pour 16 enfants. C'est après qu'il a découvert *« un monde de fous »*.

En tant que formateur au niveau national, il mène des analyses des pratiques professionnelles et des missions de soutien à la parentalité dans tous types de crèches. Au contact des salariées pendant des journées entières, il découvre rapidement la crise que traverse le secteur de la petite enfance dans toute la France. À partir de 2007, il a décidé de s'organiser face à cet amas de témoignages. Avec méthode, il a mis au point un questionnaire pour archiver les cas de maltraitance qui lui parviennent. « Comment qualifiez-vous l'acte ? » « Comment pouvez-vous expliquer les raisons de ces dérives ou changements de pratiques ? » « Avez-vous évoqué ces pratiques à vos directions ? À la PMI ? » Il a pu en recouper une cinquantaine à ce jour. Mais depuis un an, il fait face à une vague de témoignages comme il n'en avait jamais vu. Notamment depuis qu'il a été interviewé par BFM, pour le documentaire « Crèches, nos enfants en danger », en avril 2023.

Aujourd'hui, son constat est amer sur le secteur. *« Le but est de vendre du temps de garde, pas de garder les enfants »*, regrette-t-il. Il insiste sur le fait que les problèmes se retrouvent dans le secteur public également, bien qu'il soit critique sur les groupes privés qui promettent du rêve. *« Les crèches, maintenant, c'est comme le McDo dans les années 90, avec des franchises. »* Frédéric Groux n'a pas l'habitude de mâcher ses mots. Il aligne les *punchlines* en interview : *« C'est un fonctionnement d'industrie. Ils vendent du Air France mais c'est du Ryanair*, lance-t-il, derrière ses lunettes carrées. *Il faut que les parents sachent que c'est parfois du* low cost. » La situation l'indigne. Il y pense tout le temps, *« même sur le scooter »*. Il lit *« avec boulimie »* des livres sur le sujet et tient sa revue de presse à jour. Pour se défouler, il s'est mis aux MMA (arts martiaux mixtes) et au triathlon. De quoi extérioriser.

D'après lui, le secteur est resté bloqué sur le concept des « douces violences » et n'a pas pris à bras-le-corps les problèmes de maltraitance en crèche. Les « douces violences » ont été théorisées par Christine Schuhl, éducatrice de jeunes enfants et adepte de la pédagogie Montessori. Selon elle, les « douces violences » se mettent en place lorsque l'adulte, non conscient, ne prend pas en considération l'attente des enfants et impose sa décision, par des paroles, des gestes ou ne serait-ce qu'un regard. Elles sont de courte durée et invisibles, loin des actes de brutalité manifeste. Des humiliations quotidiennes qui peuvent paraître anodines, comme de mettre un enfant à l'isolement, l'obliger à rester assis sur sa chaise, lui adresser des propos dévalorisants ou ne pas lui expliquer ce qu'on lui fait. Mais l'engouement pour cette théorie a eu pour revers d'euphémiser les maltraitances, en laissant penser que certaines violences peuvent être douces.

Pour Frédéric Groux, les enfants en crèche sont susceptibles d'être des victimes à plusieurs niveaux. « *Mon objectif, c'est de mettre des mots sur ce que vivent ces usagers silencieux, qui ont moins de trois ans* », explique-t-il. Il rappelle que cette absence de langage empêche les enfants de dénoncer d'éventuelles maltraitances. L'échelle des violences est graduelle. Des violences verbales d'abord, souvent causées par la pression mise sur le personnel. Physiques ensuite, lorsqu'on se met à tirer un enfant par le bras. Arrivent ensuite les violences d'agacement. Les maltraitances du quotidien peuvent aller du gant froid sur le visage appliqué en arrivant dans le dos de l'enfant sans prévenir, au fait de laisser des enfants pleurer car il faut nourrir les autres.

Dans les huis clos des crèches, l'effet de groupe joue à plein. Jusqu'à des comportements qui relèveraient du pénal, avec des humiliations, des enfants enfermés volontairement, malgré la présence de l'équipe. « *J'ai entendu des histoires d'enfants attachés avec du Scotch, des foulards ou enfermés dans un placard »*, énumère-t-il. Les condamnations sont rares, ce qui inquiète Frédéric Groux. Comment repérer des professionnels maltraitants s'ils n'ont pas été poursuivis en justice ? Il suffit de changer de crèche pour effacer son ardoise. Le casier judiciaire est vérifié avant un recrutement, mais encore faut-il qu'il y ait eu condamnation.

Les violences peuvent aussi être économiques. Si une crèche rogne sur les repas, comme nous l'avons vu à Vitrolles, ou si personne n'a le temps de donner de l'eau à un enfant, cela a un impact direct sur leur corps. Des couches pas assez changées peuvent entraîner des problèmes d'irritation ou de santé. Pour Frédéric, le problème de fond reste le manque de formation du personnel et le manque de temps. *« C'est chronométré, dans les crèches. L'horloge est le maître mot »*, lance-t-il.

Enfin, Frédéric Groux soulève la question des violences environnementales. Quand des perturbateurs endocriniens sont utilisés en présence des enfants, comme un spray de nettoyage pulvérisé plusieurs fois par jour ou des repas industriels en barquette réchauffés au micro-ondes.

Certes, une prise de conscience est en cours depuis 2022. Mais il faut du temps pour parler. *« Une autre violence est celle de l'institution qui fait taire les gens »*, ajoute Frédéric Groux. Peur de dénoncer une collègue, peur des conséquences pour son emploi si on parle. *« La plupart des personnes qui ont été témoins de violences sont sidérées. Elles parlent soit quand elles partent ou qu'elles sont en burn-out. Elles ont un sentiment de culpabilité* », raconte le psychologue. Il faut aller plus loin. « *Le rapport de l'Igas a fait un premier travail, mais sur un échantillon* », estime-t-il. Pour lui, seule la pointe de l'iceberg a émergé pour le moment.

La marchandisation des crèches influe sur la qualité de l'accueil, estime de son côté Michel Vandenbroeck, professeur associé en pédagogie familiale à l'université de Gand, qui a mené des recherches sur ce sujet à l'échelle européenne. « *Partout où une grande partie des lieux d'accueil est aux mains de ces compagnies commerciales à but lucratif, on voit que la qualité baisse. Ça a été démontré à Hong Kong, en Californie, au Québec, et on le voit en France avec tout le problème des micro-crèches en ce moment* », détaille-t-il. Selon lui, la qualité dépend du personnel, du nombre d'enfants par adultes, de la formation de l'adulte, de la supervision des adultes. « *C'est là où le bénéfice se fait, sur les salaires, le personnel et la formation du personnel* », analyse-t-il.

Chez nos voisins belges, les crèches ont connu plusieurs scandales après le décès d'un bébé secoué dans une crèche en février 2022. « *On a trouvé qu'il y avait pas mal de ces petites crèches où beaucoup de choses se sont passées sans que l'État ne soit intervenu* », rappelle Michel Vandenbroeck, qui s'inquiète de voir des adultes peu formés et avec peu de supervision s'occuper d'un grand nombre d'enfants. « *C'est un cocktail dangereux.* »

7

L'impuissance des familles

La crèche Jardy de Vaucresson, ville cossue des Hauts-de-Seine, à côté de Versailles, avait tout pour plaire. Nichée au milieu d'une zone résidentielle aux maisons charmantes et aux rues arborées. Une maison de retraite pour seule voisine. Avec son petit jardin entouré d'une haie taillée au cordeau exposant fièrement son gazon synthétique aux visiteurs. Propre, paisible. En apparence.

« *J'ai fini par sauver ma fille de cet enfer.* » Lorsqu'elle nous contacte à l'automne 2022, Clara souffle un peu, après avoir trouvé une place dans une crèche associative « *formidable* ». Pendant un mois et demi, chaque matin, cette jeune mère a laissé « *la boule au ventre* » son enfant de un an à la crèche Jardy. Un établissement de 30 berceaux, confié depuis 2017 par la mairie de Vaucresson au groupe La Maison Bleue, l'un des leaders du secteur à la tête de plus de 500 crèches en France et à l'étranger. Clara et son compagnon y ont inscrit leur fille à la rentrée, soulagés d'avoir eu une place. Mais cette cadre, qui travaille dans le monde de l'art, déchante rapidement. Elle décrit l'instabilité des équipes. L'impression de laisser chaque semaine sa fille à *« une quasi-inconnue »*, intérimaire ou salariée venue pallier une absence. Son sentiment d'impuissance face à *« l'ambiance délétère »* et au *« rythme infernal »* durablement installés dans l'établissement, malgré les alertes répétées des familles.

Au fil des semaines, Clara cherche à comprendre, discute avec d'autres parents ou des salariées. L'une des professionnelles lui lâche, les yeux dans les yeux : *« Je ne vais pas vous mentir, c'est un carnage. »* Les professionnelles ne peuvent plus travailler correctement, elles en deviennent dégoûtées. *« On n'a même pas le temps de les moucher »*, lui lance-t-elle.

Avant de se résigner à changer de crèche, Clara a bien essayé de faire bouger les lignes. En septembre 2022, elle écrit à la mairie de Vaucresson et à la Protection maternelle et infantile des Hauts-de-Seine. Elle décrit une *« ambiance dramatique »*, qu'elle attribue au manque de personnel récurrent dans la structure. *« Les moyens et grands sont ensemble dans un même espace, soit 24 enfants. Il y a 4 personnes pour s'en occuper. Il en faudrait au minimum 5 ou 6, selon les employées de la crèche »*, décrit-elle. Quand bien même le taux légal serait respecté. *« Le personnel ne peut pas décemment s'occuper des enfants, lorsque l'une d'entre elles prend une pause déjeuner ou doit aller aux toilettes. »*

Le soir, la situation empire : *« Il n'y a plus qu'une seule personne par section, la directrice prête main-forte, mais imaginez un instant 24 enfants avec 1 personne, parfois 2. Les enfants zonent, sont livrés à eux-mêmes, pleurent constamment, c'est alarmant* », constate Clara. Pour toute réponse, une puéricultrice du département lui écrit que son service a été informé « *des dysfonctionnements concernant la crèche* » et est « *attentif au suivi de cette situation* ». Pas de quoi rassurer Clara. « *En réalité, rien ne change.* »

Cet état de fait est pourtant bien connu de la mairie de Vaucresson. Déjà, en mars 2021, l'élue en charge de la petite enfance à la mairie avait adressé un courrier à l'ensemble des parents de la crèche Jardy, indiquant que la crèche connaissait des « *difficultés en matière de présence ou de recrutement de personnel* ». À l'époque, la crèche avait même dû réduire ses heures d'ouverture pour compenser. La mairie précisait être « *en contact permanent* » avec La Maison Bleue et assurer une « *vigilance particulière* » sur cette situation, qu'elle présentait comme « *exceptionnelle* ».

Plusieurs témoignages de parents de la crèche Jardy montrent pourtant que la dégradation de la qualité de l'accueil des enfants est ancienne.

« *Au départ, ça se passait plutôt bien. J'étais jeune maman, je n'avais pas le recul pour savoir si le turnover du personnel était normal ou pas* », raconte Inès. Ses deux filles ont fréquenté la crèche Jardy à partir de 2018. Lorsque nous la rencontrons, seule la plus petite fréquente encore l'établissement. Inès paie chaque mois 580 euros. Mais, à partir du printemps 2019, « *la valse des départs a commencé* », explique-t-elle. Elle apprend que la référente des bébés est partie en raison d'un burn-out. À la rentrée, la situation empire. « *Entre octobre et décembre, ma fille a eu 8 référents différents. Vous allez chercher votre enfant le soir, et la salariée vous dit "c'était mon dernier jour".* » La crèche lui envoie des e-mails la veille pour l'informer si, oui ou non, une intérimaire pourra assurer l'accueil du lendemain. « *Parfois, ma fille hurlait en arrivant devant la crèche, elle n'avait plus de repères.* »

Plus alarmant, Inès affirme avoir marqué au feutre les couches de sa fille, après qu'elle fut revenue les fesses irritées. Elle soupçonnait un manque de changes. « *J'ai trouvé plusieurs fois la même marque le soir !* » s'exclame-t-elle, en nous montrant les photos prises à l'époque. Sa fille serait donc restée toute la journée dans la même couche. Lorsque nous l'interrogeons à ce sujet, le groupe La Maison Bleue rappelle que ses équipes « *ont des consignes très claires de ne pas laisser les enfants inchangés lorsque les couches sont sales* » et « *regrette infiniment s'il y a eu des cas de changements trop tardifs* ». L'entreprise se défend de tout rationnement : « *Aucune économie n'est jamais faite sur les couches et les directeurs d'établissement n'ont absolument aucune restriction ou contrôle sur la quantité de couches commandées* », assure-t-elle.

Les anecdotes se bousculent dans la voix d'Inès. Un soir, elle a eu « *la peur de [sa] vie* ». Lorsqu'elle arrive à 18 h 30, la crèche est vide. Deux salariées sont en train de faire le ménage. Elle cherche sa fille des yeux, sans la trouver.

« Vous n'êtes pas déjà venue chercher votre fille ? » s'étonnent les deux salariées. Coup de panique. En réalité, la petite de deux ans a été oubliée dans la cabane du jardin, selon le récit d'Inès. *« La directrice régionale de La Maison Bleue m'a appelée le soir même pour s'excuser, en me disant que les salariées étaient nouvelles, qu'elles n'avaient pas encore en tête toutes les familles. »* Un autre jour, seule l'agente technique est dans la crèche pour accueillir sa fille et les autres enfants de la section. Le reste de l'équipe est en retard. Inès hésite, mais il faut bien arriver à l'heure au boulot. Tant pis, ça passera pour cette fois. *« Je me sentais très mal en partant. Même si c'est trente minutes, ce n'est pas normal. »*

Elle évoque aussi un incident plus grave. Un jour, sa fille, âgée alors de moins d'un an, se serait cogné fortement la tête contre une table et aurait saigné du nez et perdu connaissance quelques secondes. *« Ils ont juste mis une poche de glace sur sa tête et l'ont quand même mise à la sieste peu après, sans appeler un personnel médical et sans me prévenir »*, affirme-t-elle. Inès assure avoir appris l'incident plus tard, grâce à une auxiliaire qui l'aurait appelée *« un peu en cachette »*, après le départ de sa responsable. *« Le lendemain matin, je suis allée voir la directrice, qui m'a dit qu'elle n'était pas au courant, que cet incident n'était pas arrivé. Elle a refusé de me faire un écrit à ce sujet »*, fulmine Inès. Interrogée sur ce point, La Maison Bleue indique n'avoir aucune trace de cet incident, qui aurait dû en théorie faire l'objet d'une procédure très stricte, avec un avis médical obligatoire et transmission de l'information au siège de l'entreprise. Désireux de se montrer transparent avec la presse, le groupe précise avoir trouvé la trace de trois autres incidents, notamment une chute ayant nécessité d'aller aux urgences en 2021, mais rien sur les faits décrits par Inès.

À plusieurs reprises, Inès écrit à la mairie de Vaucresson pour se plaindre de la situation. « *Les incidents et les désagréments dans cette crèche se multiplient depuis quelques années* », écrit-elle en juin 2022. En septembre, elle note qu'une seule professionnelle était présente pour les 10 enfants de la section des tout-petits : « *Elle changeait un bébé, en accueillait un deuxième et accompagnait un troisième pour dormir, sans compter les autres bébés à surveiller ! Une maman a dû intervenir pour lui donner un coup de main !* » écrit Inès.

Pendant des mois, Jean aussi a espéré une réaction. Sa fille aînée est restée deux ans dans la crèche Jardy, suivie par son plus jeune fils, encore dans l'établissement au moment de notre conversation en mars 2023. Jean a pu obtenir une place grâce à son entreprise, qui a conclu un contrat avec La Maison Bleue. « *On nous dit toujours "tout s'est bien passé", même quand on apprend ensuite que les enfants ont crié toute la journée. C'est très frustrant et la mairie ne fait rien* », s'irrite ce cadre.

Jean raconte avoir déjà compté deux salariées pour une quinzaine d'enfants, dont plusieurs en bas âge. « *Les intérimaires bouchent les trous, ils font venir des directrices d'autres crèches du groupe à Versailles*, explique-t-il. *Tout repose sur les salariées, qui ont souvent la volonté de tenir, mais qui sont débordées. Elles sont en sous-effectif tout le temps, ça tient à un fil !* » estime-t-il.

Dès le mois de mars 2021, Jean écrit une première fois à la mairie, inquiet après des départs de personnels. Un an plus tard, il interpelle à nouveau les services municipaux. « *Ce matin, une seule personne connue avec un renfort ponctuel et la femme de ménage pour aider... Est-ce normal ?* » interroge-t-il. La mairie lui répond que « *les représentants légaux de la crèche ont été expressément convoqués* ». Une semaine plus tard, Jean relance la conversation : « *Sachez que la situation ne s'améliore pas et certaines employées semblent au bord du burn-out* », dit-il.

De son côté, la mairie indique avoir « *mis en demeure La Maison Bleue de se conformer immédiatement aux dispositions du contrat* ». Puis avoir convoqué le directeur régional de l'entreprise en lui « *demandant les mesures mises en place à court terme* ». Ce dernier échange survient après une nouvelle alerte de Jean envoyée mi-février. « *De nouveau, des difficultés à la crèche Jardy et des démissions en cascade à venir [...]. Aujourd'hui, petits, moyens et grands dans la même section (environ 20 bébés). Les filles sont à bout ! Je souhaite pour vous qu'il n'y ait aucun accident. Vous auriez votre part de responsabilité si cela arrivait. Vous ne pourrez pas dire que vous n'étiez pas au courant* », met en garde le père de famille.

Moins d'une semaine après cet e-mail, un incident résonne avec les avertissements de Jean. Le 23 février, une employée en intérim travaillant dans la crèche depuis quelques mois donne un gâteau contenant 18 % d'œuf à une enfant allergique à cet ingrédient. Les consignes de sécurité ont été mal transmises. Un protocole précis avait pourtant été mis en place pour le suivi de cette petite fille de deux ans, qui avait déjà fait un choc anaphylactique à l'âge de six mois à cause de cette allergie.

Une dizaine de minutes plus tard, la directrice se rend compte de l'erreur et administre en urgence à l'enfant une dose d'Aerius, un antihistaminique. Le Samu lui conseille de la maintenir sous haute vigilance. L'erreur restera sans gravité, mais elle secoue Alina Tudorache, la mère de l'enfant. Deux semaines avant l'incident, elle avait appris que la référente de sa fille était sur le départ et avait appelé la mairie car elle avait *« peur pour sa santé »*, raconte-t-elle. *« Heureusement, ma fille n'a pas eu besoin de piqûre d'adrénaline. La professionnelle ne savait pas où elle était rangée. Ça aurait pu être tragique »*, souffle la jeune femme.

Lorsque Alina déboule à la crèche cet après-midi-là, la directrice régionale de La Maison Bleue y est déjà arrivée et se confond en excuses. Alina fera un signalement à la PMI des Hauts-de-Seine dans la foulée, avant de retirer son enfant quelques semaines plus tard. La directrice de la crèche a changé d'établissement peu de temps après l'incident. Une mutation *« sans lien »* avec cette affaire, glisse-t-on à la mairie. Malgré nos demandes, la PMI des Hauts-de-Seine n'a pas voulu répondre à nos questions. Nous ne saurons pas si le signalement de la famille a été suivi d'effets.

Quand nous la contactons, La Maison Bleue indique *« regretter infiniment »* cet incident et présente ses *« plus sincères excuses à la famille concernée »*, tout en soulignant que les équipes de la crèche ont *« immédiatement réagi »*. L'entreprise précise avoir effectué un *« rappel des bonnes pratiques »* auprès des salariés, estimant qu'il n'est *« pas acceptable »* que la qualité d'accueil ne soit *« pas à la hauteur des attentes des parents »*.

Quant au manque de personnel, le groupe rappelle les difficultés de recrutement qui touchent le secteur et la mauvaise desserte de la crèche par les transports en commun. Son contrat prévoyait 10,5 équivalents temps plein, au lieu des 8 prévus au minimum par la réglementation. Un objectif élevé qu'elle n'a pas pu tenir, admet l'entreprise, ce qui a entraîné une réduction des heures d'ouverture de la crèche. À cause de cela, la mairie a infligé une pénalité de 10 000 euros à La Maison Bleue. *« Pour être parfaitement clair : le taux d'encadrement légal est toujours respecté car nous prenons, lorsque c'est nécessaire, les mesures qui s'imposent (réduction d'amplitude horaire ou embauche d'intérimaires…) »*, nous assure La Maison Bleue. L'entreprise indique par ailleurs avoir mis en place depuis janvier 2023 une série de mesures pour recruter et fidéliser ses employés, notamment une augmentation salariale de 10 % en moyenne et la mise en place d'une équipe de personnels *« volants en renfort en cas de besoin »*.

Du côté de la mairie, l'embarras est palpable. Après notre sollicitation, le cabinet de la maire Véronique

Jacqueline-Colas (divers droite) essaie d'abord de nous faire signer un accord de confidentialité nous interdisant de mentionner la ville de Vaucresson ou la crèche Jardy pendant une durée de dix ans ! Pas question de faire de la mauvaise pub à la ville... Une vision quelque peu restrictive du journalisme, surtout quand il s'agit de questions portant sur une délégation de service public. Il a fallu insister pour obtenir une interview sans conditions. Mais, une fois au téléphone, Véronique Jacqueline-Colas reste très évasive sur les mesures prises par la mairie vis-à-vis de son délégataire. *« On les surveille de très près. Nous faisons tout ce qu'une ville peut et doit faire. Cela inclut des visites, des contrôles surprises, des convocations jusqu'au plus haut niveau »*, se contente de répondre l'élue.

Dans les rapports annuels remis chaque année par l'entreprise à la mairie, dont nous avons eu copie, quelques indices illustrent le mécontentement de la ville envers son délégataire. Ainsi, pour l'année 2021, il est fait référence à deux plaintes de la collectivité, portant sur les *« effectifs »* ou les *« ressources humaines »*. Les coups de pression de la commune semblent avoir eu un effet limité sur le groupe La Maison Bleue. D'autant plus que le contrat de délégation s'est terminé en juillet 2023. C'est l'une des spécificités des contrats noués entre les groupes de crèches et les collectivités locales : conclus pour quelques années, en général trois à cinq ans, ils ne garantissent pas toujours un engagement pérenne de la part de l'entreprise. En cas de problème, la mairie est le plus souvent contrainte d'attendre la fin de la concession pour passer le marché à un concurrent.

Depuis sa création en 2004, La Maison Bleue s'est spécialisée dans ces délégations de service public, qui représentent environ un tiers de ses structures. Et, même dans ses crèches gérées en propre, la moitié des places sont réservées par des organismes publics, détaille Claire Laot, la directrice générale du groupe. Moins rentables que les places vendues à des entreprises, ces partenariats public-privé restent intéressants, car très stables. Même en pleine pandémie de Covid, en 2020 comme en 2021, la crèche Jardy a réalisé un bénéfice de près de 60 000 euros par an, pour un chiffre d'affaires d'un peu plus de 500 000 euros. En 2021, la crèche a versé 57 000 euros de dividendes au groupe La Maison Bleue.

Malgré plusieurs années de galère pour les familles et les professionnelles, le groupe, imperturbable, assure son autopromotion dans des rapports annuels remis à la mairie. Au fil des pages, il vante son projet pédagogique, fondé sur la *« sécurité affective et physique de l'enfant »*, le respect de son rythme et de ses repères ou la garantie de soins *« individualisés »*. En 2021, La Maison Bleue ose même se féliciter que 100 % des parents de la crèche Jardy se disent *« satisfaits ou très satisfaits »* de la gestion de la crèche. Seul un tiers des familles a répondu à son questionnaire.

D'une certaine manière, la crèche Jardy est l'illustration parfaite de cette « maltraitance institutionnelle » aux contours si difficiles à dessiner, alimentée par l'instabilité extrême du personnel et le sous-effectif permanent. Ici, les enfants ne sont pas victimes de coups, d'insultes ou de gestes intolérables clairement identifiables. Ils sont victimes d'un manque de temps organisé. Dans une usine, quand l'ouvrier est dépassé par sa chaîne de production, il peut parfois appuyer sur le gros bouton rouge « coup de poing » et arrêter la cadence infernale quelques secondes. Pas en crèche. On n'arrête pas un enfant pour prendre cinq minutes de pause. Au contraire, les entreprises de crèches n'hésitent pas à mettre sous pression les équipes sur le terrain, pour les pousser à remplir leurs structures.

8

La tyrannie des chiffres

En ce mois de septembre 2021, une course contre la montre se joue chez Babilou. C'est la rentrée, les crèches du groupe sont accaparées par les périodes d'adaptation des enfants nouvellement inscrits. Une heure ou deux pour commencer, puis une demi-journée, les bambins s'intègrent en douceur. Un premier contact crucial pour la suite, que les professionnelles doivent organiser minutieusement.

Mais ce n'est pas l'accueil des petits nouveaux qui préoccupe la direction Grand Est-Sud de Babilou, qui couvre un vaste territoire allant de Nice à Montluçon, en passant par Lyon où se situe le siège régional. Le 6 septembre, une cinquantaine de directeurs et directrices de crèches de la zone reçoivent un e-mail de leur « responsable performance opérationnelle ». Le « Monsieur Chiffres » de l'entreprise dans la région, comme l'appellent d'anciens salariés de Babilou. Un manager formé en école de commerce, passé par le laboratoire BioMérieux ou le groupe SEB.

Ce 6 septembre donc, Monsieur Chiffres rappelle le cap à atteindre pour le mois. Il faut « rentrer des heures », comme on dit dans le jargon, pour répondre à la « cible » fixée par la direction nationale du groupe. *« Nous avons seulement 5 800 heures de retard sur l'objectif »*, résume-t-il. Mais rien n'est perdu, la dynamique est bonne : *« + 4 600 heures en une semaine, nous pouvons atteindre et dépasser cet objectif ! »* écrit-il aux directeurs et directrices de crèche. Le ton est optimiste, mais ferme.

Les semaines suivantes, les relances se multiplient. Comme le 13 septembre : *« + 2 300 heures en une semaine, on est sur la bonne voie ! Notre retard n'est plus que de - 3 400 heures »*, écrit le responsable. Dans chaque e-mail, un tableur visible de tous liste l'ensemble des crèches, désignées par des numéros : en vert, les bonnes élèves, celles qui ont déjà atteint ou dépassé le nombre d'heures prévues. En rouge les retardataires. 97,4 %, puis 98,2 %, 98,6 %… Chaque jour, la distance qui reste à parcourir pour atteindre l'objectif est rappelée.

Le 21 septembre, c'est au tour de Florian Mersch, le directeur exécutif Grand Est-Sud de Babilou, de motiver une dernière fois ses troupes : *« Nous ne sommes pas loin de la cible, encore un petit effort à fournir ! »* écrit-il. *« Je compte sur vous pour faire remonter un maximum d'heures, pour booster l'accueil occasionnel et également pour poser des bons de commande sur les places "bloquées". »* En clair : les directeurs et directrices de crèche sont priés d'appeler les familles n'ayant pas de contrat fixe ou des emplois du temps fluctuants, pour leur proposer les heures encore vacantes. C'est ce qu'on appelle l'accueil occasionnel. Des *« bouche-trous »*, ironisent souvent les professionnelles lors de nos entretiens. Ils sont aussi incités à *« poser des bons de commande »*, c'est-à-dire à valider des créneaux précis – et donc facturables – avec les entreprises ou les collectivités ayant réservé des places en amont.

Ces injonctions au remplissage ne vont pas sans susciter des résistances. Dans les jours qui suivent l'e-mail du patron régional, la directrice d'une crèche lyonnaise lui répond. Elle n'a visiblement pas apprécié la formule du *« petit effort à faire »*. Son message est adressé en copie à l'intégralité des crèches de son secteur. *« Bien malgré moi, étant en section très souvent, je n'ai pas pu faire ce "petit effort" pour faire rentrer des heures d'accueil d'enfants »*, commence-t-elle. Avant de préciser la raison de cet empêchement : confrontée à un manque de personnel récurrent, elle a été contrainte d'aller *« en section »*, c'est-à-dire de s'occuper des enfants sur le terrain, sans pouvoir se consacrer à ses autres tâches. *« Pour faire ce petit effort dont vous parlez, pour proposer un maximum d'heures et booster l'accueil occasionnel, encore faut-il que la directrice de la crèche et/ou son adjointe soit au moins un peu au bureau »*, souligne-t-elle.

La directrice n'apprécie pas d'être culpabilisée de la sorte, et précise que son équipe a déjà fait *« un énorme effort d'économies de dépense salariale – l'équivalent de 11 semaines de travail non remplacées »*. Elle-même et son adjointe ont assuré l'équivalent de 5 semaines de travail auprès des enfants, autant de temps de pris sur leurs missions de direction. Lassée par ces objectifs économiques, elle implore : *« S'il vous plaît, n'oubliez pas : les forces humaines sont aussi à prendre en compte, avec bienveillance. »*

Ces échanges d'e-mails que nous nous sommes procurés tranchent avec la communication lisse de Babilou. Sur son site, la multinationale qui emploie près de 12 000 salariés dans une douzaine de pays et revendique un chiffre d'affaires mondial de 800 millions d'euros en 2022, n'hésite pas à se présenter comme *« créateur du monde de demain »*. Un groupe dont le but premier serait de *« contribuer au bien-être »* et *« au développement de toutes les potentialités »* des enfants accueillis. L'entreprise s'affiche *« à l'écoute des besoins des familles »*, mais aussi des salariés. *« Nous avons à cœur d'accueillir nos collaborateurs comme nous accueillons l'enfant et sa famille »*, ose-t-elle même sur son site.

Sur le terrain, les grandes valeurs de la « Babilou Family » semblent pourtant parfois passer au second plan, derrière les calculs d'apothicaire et la course au rendement de ses gestionnaires. Tous les professionnels passés par l'entreprise que nous avons contactés s'accordent pour dire que le projet pédagogique est *« génial »* ou *« très bien foutu »* pour une autre. *« Encore faut-il pouvoir l'appliquer au quotidien »*, rétorque une directrice.

Comme ses concurrents, Babilou a une obsession : ne pas faire travailler plus de professionnels que le minimum nécessaire. La masse salariale représente près de 80 % des coûts de fonctionnement d'une crèche. Tout le jeu consiste à ajuster en permanence le nombre de salariés présents dans la crèche en fonction du remplissage plus ou moins élevé de l'établissement. Tout en maintenant le taux d'encadrement prévu par la loi en atteignant les objectifs fixés par la CAF, pour bénéficier du niveau de subvention publique le plus haut. Il s'agit de ne pas laisser de « gras », pour grappiller un peu plus de marge.

Pour cela, l'entreprise dispose d'outils comme le Babilog. Un tableau de bord numérique où sont centralisés, jour par jour, les indicateurs de ses crèches : nombre d'heures facturées, places disponibles, taux d'occupation... Les statistiques de chaque crèche sont scrutées par le groupe, en temps réel, pour ajuster les effectifs au nombre d'enfants présents. Si la crèche n'est pas assez pleine, l'entreprise n'hésite pas à réduire le nombre de personnel auprès des enfants, pour rester au strict minimum légal.

Cassandra* a dirigé une crèche Babilou en Île-de-France, dès 2018. Son passage dans l'entreprise se résume surtout à des tableurs Excel, qu'elle ouvre par dizaines sur l'écran de son ordinateur. Des lignes budgétaires à respecter, des relevés d'heures facturées, des demandes de remplacement et des taux mensuels à ne plus savoir qu'en faire. Lorsque nous la rencontrons, dans un café, cette jeune professionnelle a fini par démissionner, usée par *« l'absurdité »* de ce système. *« La politique de Babilou,* *c'est de remplir les crèches d'abord, et de trouver les professionnelles ensuite* », résume-t-elle.

Devant nous, Cassandra tente de résumer la myriade de chiffres qui faisait son quotidien. Tout est une affaire de ratios. Une directrice passe le plus clair de son temps à compter. Faites le rapport entre le nombre d'heures réalisées et les places disponibles, vous avez le taux d'occupation. Comparez les heures facturées aux familles avec celles réellement réalisées, voici le taux de facturation. N'oubliez pas de compter le nombre de personnel diplômé, les « cadres » des crèches (éducatrices de jeunes enfants, infirmières, auxiliaires de puériculture…), pour vérifier qu'elles représentent bien 40 % des effectifs de la journée. Sans oublier bien sûr de respecter le taux d'encadrement de 1 professionnel pour 6 enfants, ou bien de 1 professionnel pour 5 enfants qui ne marchent pas et 1 pour 8 « marcheurs », en fonction du mode de calcul choisi par votre crèche. Ajoutez des demandes de remplacement, en vous appuyant, cela va de soi, sur d'autres feuilles de calcul préremplies… « *Le temps passé sur ces tableurs, c'est hallucinant !* » s'étonne encore Cassandra.

Ce récit, nous l'avons entendu à l'identique chez plusieurs directrices de crèche que nous avons rencontrées, y compris d'autres groupes. Ces ratios sont d'abord imposés par la CAF, en contrepartie du financement de la Sécu. Mais d'autres sont la traduction de la stratégie et des objectifs de Babilou. Un exemple : si la crèche fait des heures « en plus », son enveloppe d'achat de matériel sera mieux dotée. Si elle n'atteint pas ses objectifs, adieu l'enveloppe jouets. « *À la fin, bêtement, je voyais des dollars au-dessus de la tête des enfants. Je me disais "il faut faire du chiffre, comme ça, on peut acheter des jouets, on peut faire des choses". C'est triste* », se souvient Cassandra.

Derrière ces chiffres, elle garde en tête ces moments « *tendus* », quand 3 professionnelles doivent prendre soin de 18 enfants d'âges mélangés. Ou de cet enfant avec un contrat de trois heures en fin de journée, pour compenser le contrat d'un autre qui partait plus tôt ce jour-là. Deux contrats sur une seule place, pour remplir la crèche à plein. « *Ça n'avait aucun intérêt pour cet enfant, c'était juste de la garderie.* »

À Saint-Priest, en banlieue de Lyon, la crèche Babilou La Mascotte illustre bien cette gestion à flux tendu. L'établissement est une délégation de service public, dont la gestion a été confiée par la mairie à Babilou de 2010 à 2022. Avec ses 65 berceaux, l'établissement est un gros marché pour l'entreprise. La mairie de Saint-Priest lui verse une subvention annuelle de 5 600 euros par place, soit 364 000 euros par an, selon une délibération de 2015. À quoi s'ajoutent les subventions de la CAF et la participation financière des familles. Certes, on est loin des 15 000 euros parfois facturés aux entreprises réservataires, mais l'opération reste rentable pour Babilou qui n'a pas beaucoup à faire pour commercialiser les places, les enfants étant envoyés par la mairie.

Malgré cette rente assurée, l'entreprise cherche à améliorer sa rentabilité via une stratégie de « surbooking ». Un classique du secteur. L'expression est souvent associée aux pratiques de compagnies aériennes qui vendent plus de billets que de places disponibles, pour s'assurer de remplir l'avion même en cas de désistement de passagers. Pour les crèches, le mécanisme est plus ou moins le même.

Toutes les crèches ont un agrément indiquant le nombre de places autorisées. Ce chiffre détermine notamment la taille des locaux. Mais la loi prévoit la possibilité d'un *« accueil en surnombre »*. Ponctuellement, une crèche peut accueillir un certain pourcentage d'enfants supplémentaires, mais les gestionnaires ne doivent pas dépasser 100 % de taux d'occupation sur la moyenne de la semaine. Quand Babilou assurait la gestion de la crèche de Saint-Priest, ce surbooking légal était de 20 %. De 65 places « officielles », La Mascotte passe donc à 78 places. Autrement dit : la crèche de Saint-Priest peut accueillir 78 enfants certains jours, lors de pics d'activité, mais pas en permanence. Ces places « bonus », accordées sans contrepartie de mètres carrés supplémentaires, sont cruciales. Ce sont elles qui permettent à une structure de dégager un bénéfice plus important.

En principe, ce « surbook » – le terme utilisé par les professionnels – est censé permettre des accueils en urgence, du dépannage ponctuel, offrir un peu de souplesse aux familles et aux établissements. Mais chez Babilou comme dans la plupart des autres groupes de crèches, ces places sont considérées comme étant à remplir systématiquement. *« On nous demandait de viser 78 enfants par jour. C'était notre vrai plafond »*, explique un ancien salarié de Saint-Priest.

Cette stratégie a d'ailleurs été pointée du doigt par la PMI du Grand Lyon, à la suite d'une inspection de la crèche La Mascotte en mars 2021. À la fin de son rapport, elle met en garde sur un accueil en surnombre *« à la limite de la légalité »* les semaines précédentes. Dans la foulée, elle envoie un recommandé à Babilou. *« Je vous demande de bien vouloir vous mettre en conformité [...] et ne pas prévoir plus d'enfants tous les jours afin que la moyenne hebdomadaire ne dépasse pas 65 »*, conclut la lettre. Interrogé sur ces remarques de la PMI, Babilou confirme que la crèche a accueilli jusqu'à 77 enfants certains jours, mais que *« ces pics concernaient une à deux heures maximum sur la journée »* et que les taux d'encadrement légaux étaient toujours respectés. Elle affirme, chiffres à l'appui, que la crèche était loin de sa capacité totale autorisée.

Chose rare, le responsable de secteur de Babilou écrit lui aussi à sa direction régionale pour tenter de raisonner sa propre entreprise : *« Pour La Mascotte et d'après la PMI, le surbook ne doit pas se faire quotidiennement et dans de telles proportions (78) »*, écrit-il dans un e-mail que nous avons pu consulter. Il prévient : *« Il en va de la sécurité des enfants et de la qualité d'accueil »*, d'autant plus que cette crèche fait face à un *« absentéisme quasi quotidien »* et à une pénurie de personnel diplômé.

Cette course au remplissage s'accompagne en parallèle d'un manque de personnel. Lorsqu'il a remporté le contrat avec la mairie, le groupe s'était engagé sur la présence de 20,3 équivalents temps plein en permanence. Sur le papier, cette condition devait garantir un encadrement supérieur au minimum légal. Mais, sur le terrain, la réalité était tout autre, selon d'anciens salariés interrogés : *« On tournait souvent à 16 ou 17 équivalents temps plein. C'était fixé par des tableaux qui calculaient automatiquement tout* ça », témoigne l'un d'entre eux. Contacté, Babilou indique avoir toujours respecté le cahier des charges prévu par la mairie, sauf pendant la période du Covid, à cause des nombreuses absences de personnels. *« Rappelons que rien n'a fonctionné normalement dans le pays à ce moment-là »*, écrit l'entreprise. Babilou assume de n'avoir pas été dans les clous, mais assure qu'elle ne pouvait pas faire venir des professionnels d'autres crèches, elles-mêmes en difficulté. *« Fallait-il maintenir la crèche fermée pour respecter le cahier des charges de la DSP [la Délégation de service public] alors que nous respections le cadre réglementaire national et que la présence des enfants restait très fluctuante ? »* interroge le groupe.

À cette époque, chaque remplacement à la crèche La Mascotte est négocié de haute lutte avec la direction de Babilou. *« Nous sollicitons deux CDD pour jeudi et vendredi pour pouvoir tourner »*, écrit par exemple un cadre de la crèche à son supérieur. Les autorisations sont accordées au compte-gouttes. Un ancien salarié indique qu'il lui est arrivé d'avoir des bons CV de candidats à disposition, mais avoir essuyé un refus. « *On avait des bras de fer avec la direction. Eux nous répondaient "vous remplissez d'abord et on mettra du personnel ensuite"* », résume-t-il. Un cercle vicieux s'installe : contraints de pallier ces absences, les salariés s'épuisent et certains se mettent aussi en arrêt.

Les rares fois où l'équipe de la crèche est au complet et pourrait souffler un peu, la réaction de Babilou ne se fait pas attendre. Dans un e-mail, le « Monsieur Chiffres » déjà mentionné plus haut écrit à la directrice de La Mascotte. « *Vous êtes en sureffectif* », tranche-t-il. Il demande que les salariés en « *surplus* » soient prêtés à une autre crèche du groupe. De son côté, Babilou indique avoir « *toujours été dans la légalité* » en ce qui concerne le taux d'encadrement, qui était même supérieur à la réglementation, avec 1 professionnelle pour 4,2 enfants en moyenne en 2021.

En juillet 2021, un vent de révolte souffle parmi les employés de La Mascotte. Épuisés par le rythme de travail, plusieurs d'entre eux écrivent à quelques jours d'écart à leur direction régionale et à la mairie de Saint-Priest, pour faire part de leur désarroi. « *Où sont la bienveillance, la qualité et l'engagement ? Depuis des semaines, le moral et le physique des professionnelles de La Mascotte sont à rude épreuve ! Nous sommes épuisées physiquement et moralement, nous sommes à bout de souffle !* » écrit une salariée en poste dans la section des grands, les enfants les plus âgés. « *Nous devons piocher à droite et à gauche pour espérer trouver une professionnelle pouvant nous aider sans mettre en difficulté sa propre section. Sur les plannings, le nombre d'enfants pour une professionnelle est juste, mais au réel ça ne l'est pas. Nous sommes en difficulté et lessivées* », lâche-t-elle sans détour.

Certains jours, la machine déraille. « *Vendredi 16 juillet, dans la section des bébés. Je me suis retrouvée seule à partir de 16 h 30 avec 9 enfants dont 1 qui ne marche pas, au lieu de 5 enfants comme indiqué sur le planning.* » La salariée en colère explique que le directeur adjoint n'a pu lui prêter main-forte qu'une quinzaine de minutes, avant de partir aider une autre section de la crèche. « *Je me suis donc retrouvée avec 6 parents arrivés tous en même temps pour leur faire la relève. C'était la course, les parents l'ont vu et l'ont ressenti… J'ai l'impression d'avoir "échoué" en termes de qualité d'accueil et d'engagement du bien-être de leurs enfants* », regrette-t-elle à la fin de son e-mail.

Une deuxième salariée, également en poste dans la section des plus grands, interpelle ses responsables et dénonce un « *travail à flux tendu* », les changements de planning incessants, qui perturbent aussi bien les professionnelles que les enfants. Elle pointe la contradiction entre les « *valeurs* » affichées par Babilou et la réalité quotidienne. « *Comment effectuer des transmissions de qualité avec 8 enfants surexcités ? N'oublions pas que les enfants ne sont ni des pions ni des numéros, mais bien des petits êtres en plein développement qui ont besoin d'adultes disponibles !* »

Une troisième dénonce la « *situation critique à La Mascotte* », et commence par relater des faits récents. La semaine précédente, elle écrit avoir été « *débordée* » après s'être retrouvée avec 6 enfants de moins de deux ans à l'heure de la fermeture. « *Ça passe, comme on a pris l'habitude de dire dans ce métier !* » écrit-elle. Cette professionnelle expérimentée indique à ses chefs qu'elle se sent « *à bout d'idées, d'énergie, de solutions, de nerfs* ».

Le groupe Babilou nous confirme avoir eu connaissance de ces e-mails. « *Nous regrettons bien sûr cette situation* », écrit-il. Selon l'entreprise, ces dysfonctionnements provenaient surtout d'un « *problème de gestion des plannings* », qui est « *du ressort du directeur de la crèche* », dans un contexte post-Covid tendu. L'entreprise rappelle que les professionnelles qui quittent la crèche à la fin de leur journée de travail doivent « *attendre le temps que le taux d'encadrement soit respecté avant de quitter les lieux* », regrouper les enfants de sections différentes, ou même « *en dernier recours* » appeler les familles « *pour qu'elles viennent récupérer exceptionnellement plus tôt leurs enfants* ».

À la pression de l'entreprise, s'ajoute celle de la mairie de Saint-Priest. En mai 2022, elle inflige une pénalité de 14 000 euros à Babilou, coupable de n'avoir pas atteint les objectifs d'occupation et d'heures occasionnelles fixées dans le contrat pour 2021. Autrement dit, de n'avoir pas assez rempli la crèche. Babilou affirme avoir été « *surpris* » par cette sanction financière qui ne prenait pas en compte à ses yeux les difficultés liées au Covid. Le groupe rappelle que c'était pourtant la mairie qui attribuait les places et avait donc tout loisir d'augmenter ou diminuer le nombre d'enfants accueillis. « *Nous assumons pleinement d'avoir priorisé la qualité à l'occupation pendant cette période sans nous soucier des impacts économiques négatifs pour Babilou, dans un esprit fidèle à ce qui guide nos choix depuis vingt ans* », écrit même l'entreprise. Contacté plusieurs mois avant le bouclage de ce livre, le cabinet du maire de Saint-Priest, Gilles Gascon (Les Républicains), n'a jamais répondu à nos multiples sollicitations.

Le Covid a bon dos. Les problèmes n'ont pourtant pas commencé en 2021. Déjà en 2019, la crèche avait traversé une crise profonde, sur fond de turnover important du personnel et d'une relation très conflictuelle entre la directrice d'alors et ses équipes. Cette crise avait amené plusieurs parents à écrire à Babilou pour faire part de leurs inquiétudes, prenant la défense des professionnelles de terrain. « *S'il y a une révolte de beaucoup de parents, c'est qu'il y a un réel problème dans la gestion actuelle* », écrit ainsi une mère de famille. Une autre évoque l'instabilité permanente des équipes et le recours à des intérimaires, en expliquant que les enfants de la crèche « *sont tous confrontés à des visages inconnus, des personnes qui ne peuvent se souvenir de chaque enfant, de leur caractère, leurs habitudes, leur doudou, leurs parents* ». Et d'interroger : « *Pouvez-vous m'expliquer comment les salariées doivent agir lorsqu'elles se retrouvent seules, le soir, avec 8 ou 10 enfants en bas âge dont plusieurs qui ne marchent pas ?* »

En septembre 2019, une réunion avait été organisée en présence du directeur régional de Babilou et de représentants de la mairie de Saint-Priest, pour mettre à plat la situation. Dans le compte rendu que nous avons pu consulter, l'agent de la commune en charge de la petite enfance assure qu'il ne souhaite pas *« s'immiscer dans les problématiques internes de Babilou »*, tout en rappelant à l'entreprise qu'elle a une *« obligation de résultat »*. De son côté, Florian Mersch, le directeur exécutif Grand Est-Sud, invoque la pénurie de professionnelles dans le secteur, ce qui *« met en difficulté Babilou »* pour organiser les remplacements. Le directeur régional rappelle au passage que le coût d'un intérimaire est *« 2,5 fois plus élevé »* pour l'entreprise et est donc un *« ultime recours »*.

La galère de la crèche de Saint-Priest n'est pas un cas isolé au sein du groupe Babilou. Pendant dix-sept ans, Marie Davat, une infirmière de quarante-quatre ans, a exercé dans des hôpitaux avant d'arriver dans le groupe en juin 2022, à la crèche Montaigne de Seynod, à côté d'Annecy en Haute-Savoie. Une grosse structure de 53 berceaux pour une centaine d'enfants inscrits. Les places sont réservées par les familles du 27ᵉ bataillon de chasseurs alpins dont le régiment est installé juste à côté, ou bien par des entreprises locales, par la mairie ou la préfecture. Nouvelle venue dans le milieu de la petite enfance, Marie se dit *« heurtée »* par les conditions de travail constatées. *« Je pense qu'à force, les salariées les plus anciennes ne se rendent plus compte que certaines choses ne sont pas normales »*, juge-t-elle. Lors de notre interview, en mars 2023, elle disait vouloir « *tenir un an* » avant de chercher un autre emploi.

En théorie, la crèche emploie 18 professionnelles, « *ce qui est correct* », estime Marie. Mais sa directrice est partie travailler en Suisse toute proche, attirée par le taux d'encadrement en vigueur dans le pays – 1 professionnel pour 4 enfants – et par le salaire bien plus élevé. D'autres collègues n'ont pas été remplacées. « *Il nous manque deux postes et demi presque en permanence* », évalue Marie. Pour continuer à faire tourner la structure, la direction est contrainte de réduire l'accueil des enfants certains jours. « *On fait des plannings au plus juste pour couvrir toute la journée.* » Le matin, elle doit parfois demander aux parents d'attendre une demi-heure, le temps que l'équipe soit au complet. « *Les familles râlent et je comprends. Le moindre arrêt maladie et on est foutues.* »

Beaucoup de salariées ne restent que quelques mois. « *On est ric-rac au minimum légal* », souffle Marie. Dans ces conditions, « *une pause toilette ou un enfant qu'il faut doucher parce que sa couche a débordé, et c'est toute l'équipe qui est fragilisée* », insiste-t-elle. Selon son témoignage, des enfants ont été oubliés à plusieurs reprises dans le dortoir, notamment au moment des transmissions du soir, quand les parents font la queue pour emmener leur enfant. « *Aux familles, on ne peut que dire "désolée".* » Pour rassurer les parents malgré tout, les salariées débordées sont incitées à poster des photos sur la « BabilouApp », une sorte de réseau social interne. Il faut que la vitrine reste attrayante.

Comme dans d'autres crèches, Marie regrette que le projet pédagogique, « *très bien conçu* », soit « *inapplicable* » en pratique. « *Même un truc aussi bête que préparer la pâte à sel, on n'a pas le temps ! En réalité, on fait du gardiennage.* » Elle décrit la gestion à flux tendu des repas. À plusieurs reprises, elle a vu l'adjointe prendre sa voiture pour aller en urgence au Lidl d'à côté acheter quelques yaourts. Une situation que Babilou attribue à un manque d'anticipation de la direction de la crèche. Le groupe précise que le personnel dispose d'ailleurs d'une carte de paiement pour éviter d'avancer les frais. « *Il n'existe aucune restriction pour les couches, les repas ou goûters. Babilou ne prévoit pas les commandes en misant sur les absences* », fait savoir l'entreprise.

En février 2023, la crèche de Seynod se met en grève. En plus d'une revalorisation salariale – la plupart des employées sont payées au Smic –, la lettre de revendications, signée par 17 salariées, réclame des recrutements en urgence pour pouvoir récupérer les heures supplémentaires et éviter de « *devoir refuser des familles devant la porte de la crèche le matin même* » en cas d'arrêt maladie d'une collègue. « *Nous aimons notre métier et souhaitons l'exercer dans la joie. Les enfants ne sont pas des chiffres à entrer dans un tableur Excel* », ajoutent-elles.

Dans leur texte, les professionnelles décrivent aussi les tapis « *déchirés* » qu'on rafistole avec des bouts de Scotch, les coussins que les salariées recousent parfois elles-mêmes ou les matelas des lits des enfants, qui datent de l'ouverture de la crèche en 2010. Sur ce point, Babilou pointe une « *erreur* » de l'ancienne direction, qui n'aurait pas fait remonter les besoins en matériel. Depuis, le groupe assure s'être rattrapé en achetant pour 1 214 euros de matelas, 829 euros de vaisselle ou 2 953 euros de linge et 7 nouveaux tapis. « *Chez Babilou, les restrictions sur les achats de matériel n'existent pas* », martèle l'entreprise. Mais Babilou n'est pas allé jusqu'à accorder une enveloppe financière aux employées. Lors de leur journée de grève, une vingtaine de salariées de Seynod et des environs s'étaient retrouvées pour manifester devant la préfecture. La responsable de secteur et un cadre régional de Babilou étaient venus négocier. Sans réelle avancée.

Ce livre aurait pu s'appeler « l'enfant-chiffre ». Dans nos carnets d'interviews, les mots « facturation », « taux d'occupation » ou « budget » reviennent plus souvent que « jeux » ou « pédagogie ». Mais l'enfant, en lui-même, est rarement nommé dans les échanges internes entre cadres et commerciaux des grands groupes. On parle d'heures, de places, de ratios à atteindre. À les entendre, les crèches privées ne seraient pas obnubilées par le remplissage. Elles ne feraient que répondre aux demandes des pouvoirs publics. Mais cette ligne de défense a de quoi surprendre. Les entreprises de crèches ont la possibilité de choisir où placer le curseur. C'est à elles de renforcer une équipe en souffrance au lieu de lui rappeler l'objectif fixé par la direction pour la fin du mois. Dans ce monde de chiffres, les seuls garde-fous restent les directeurs de crèche, capables de résister, ou non, quand la pression se fait trop intense.

9

Lutter au quotidien

Des lapins jaunes et bleus décorent le paillasson à l'entrée de la micro-crèche, quelque part en banlieue parisienne, bien après le terminus du métro. « Bienvenue chez People&Baby », peut-on lire sur le paillasson, en tournant la tête. Les portants attendent les manteaux des enfants. Pour l'instant, le lieu, aux couleurs beiges, baigne dans un calme absolu. Il est 7 h 30, en ce jour de printemps.

Depuis des semaines, nous n'avons eu de cesse de nous interroger : arrivera-t-on à passer le seuil d'une crèche ? Nous n'avons pas cherché à faire d'infiltration ni de caméra cachée, mais à comprendre comment les salariés composent avec les exigences de rentabilité de leurs entreprises. D'une crèche à l'autre, les directeurs et directrices peuvent être plus ou moins zélés. Certains parviennent à conserver une marge de manœuvre ou à dire « stop » quand l'intérêt de l'enfant est mis à mal.

Un directeur d'une crèche People&Baby, nous l'appellerons Paul, a accepté de nous recevoir le temps d'une journée pour nous expliquer comment il parvient, selon lui, à tenir les commerciaux de son entreprise à distance. Il a fallu être discrets pour ne pas se faire bloquer par des communicants, car l'entreprise est en pleine gestion de crise.

Avant d'entrer, nous enfilons des surchaussures floquées au nom de l'entreprise. Paul a pris la précaution de prévenir les parents, qui voient notre présence d'un bon œil. Pour lui, c'est un choix assumé : il faut être transparent et ouvrir les portes des crèches, pour montrer la réalité du terrain, les bonnes méthodes et les limites de l'exercice. Pour sa hiérarchie, ce n'est pas si évident.

Dès l'entrée, son bureau ressemble à un poste d'observation vitré qui donne sur les salles d'activité, de repas et sur les lits à barreaux du dortoir. On tire un verrou pour passer la barrière et entrer dans l'espace des enfants. La crèche a été impeccablement décorée et rafraîchie. De faux fruits et légumes, disposés avec attention, trônent sur les tables de repas. *« On travaille sur la "qualité perçue", même si ce n'est pas ma priorité »*, explique Paul, reprenant les termes propres à l'entreprise People&Baby.

La « qualité perçue » est un des mots d'ordre du groupe. Ce concept désigne le sentiment d'être bienvenus que doivent ressentir les enfants et les familles. La décoration des crèches est un enjeu pour attirer parents et enfants. Un document de 2019 que nous nous sommes procuré détaille les règles à suivre pour créer *« un environnement beau et harmonieux »*. Tout est une question de vitrine. Les murs doivent être dans les tons pastel, les tapis et fauteuils assortis et les photos affichées bien alignées. *« Merci d'éviter les couleurs primaires et le patchwork de couleurs »*, peut-on y lire. Ce souci du détail fait sourire bon nombre de salariés du secteur, pour qui la qualité du projet pédagogique devrait plutôt être au cœur des préoccupations.

En binôme avec Paul ce matin, Mylène* part se changer avant d'attaquer la « mise en place ». Elle enfile un tee-shirt Walt Disney, un pantalon confortable et élastique, pour mieux se baisser et se relever toute la journée. À 8 heures, elle installe des livres et des bouteilles sensorielles remplies de paillettes et de billes colorées. Les jeux sont répartis sur les tapis de motricité. On range les derniers produits ménagers utilisés la veille. Les repas ont bien été livrés, très tôt, vers 5 h 45 ce matin. Deux frigos sont remplis de fromage blanc et de plats dans des barquettes d'aluminium.

Pas de temps à perdre, on plie les bavoirs et le linge propre de la semaine, avant que le calme ne soit rompu. Ce soir, il faudra fermer la crèche pour le week-end. Vers 8 h 30, la sonnette retentit et les premiers parents apparaissent à la caméra de l'Interphone. *« Ah, les jumeaux arrivent ! »* Au plus fort de la journée, entre 11 heures et 15 heures, elles seront 3 professionnelles et 2 stagiaires, pour 9 enfants dont 3 qui ne marchent pas encore. Un confort de travail, dans cette crèche qui peut accueillir jusqu'à 11 petits. Pourtant, *« on ne voit pas le temps passer »*, ne cessent-elles de rappeler.

Intrigués par notre présence, les enfants tentent des approches, offrent une peluche, réclament une lecture de *Flip le Dauphin*, puis se jettent dans nos bras ou tentent de nous escalader. « *Certains ont besoin de beaucoup d'attention* », sourit une employée.

À 10 heures, le rythme s'accélère. Les enfants courent, tapent sur les portes, agitent des hochets. Les premiers pleurs de fatigue se font entendre et les bébés partent dormir. Une activité avec des gommettes se met en place dans le calme, pour les plus grands. Il faut changer les enfants puis préparer le déjeuner.

Vers 11 h 30, les repas sont servis aux bébés sortis de la sieste, puis aux moyens et aux grands. Il faut enfiler une charlotte sur la tête, se nettoyer les mains, planter un thermomètre dans chaque barquette de repas. Carottes au thym et flageolets, mixé de porc ou filet de hoki et compote, selon l'âge et le régime. Nous avons encore en tête les témoignages de Vitrolles et les repas manquants dans un autre groupe concurrent. Nous demandons au directeur quelle est la politique de People&Baby en la matière : « *C'est vivement recommandé de commander un repas de moins chaque jour, mais on ne le fait pas*, assure-t-il. *Il n'y a pas de gaspillage ici, on finit les restes s'il le faut.* »

À 13 heures, des bébés sont emmaillotés pour une deuxième sieste. Pendant ce temps, les employées font le grand ménage, jusqu'à nettoyer les vitres et les jeux dans une baignoire. Une fois le coup de feu passé, Paul passe au bureau pour surveiller les e-mails de la journée et s'occuper des tâches administratives auxquelles il consacre un tiers de sa journée. « *Il faut une organisation au cordeau, pour la stabilité de l'équipe et donc pour la stabilité des enfants* », explique-t-il. Son choix est d'aider au maximum les salariées « *sur le terrain* ». « *Elles sont au Smic. Je gagne deux fois leur salaire, mais c'est elles qui ont les mains dans la crotte, les enfants qui leur pleurent dans les oreilles.* » Derrière son écran, il garde un œil sur la salle. Une tête, puis une deuxième tête d'enfant surgissent comme des pantins, collées à la vitre pour l'observer.

Éducateur de jeunes enfants, Paul est passé par différentes crèches de grands groupes privés. « *J'ai vécu le harcèlement et des professionnels toxiques, voire violents avec les enfants. J'ai vu des choses aberrantes*, soupire-t-il. *Dans une crèche, on manquait de lits, je suis allé en acheter en faisant l'avance avec mon argent. J'ai vu une professionnelle qui hurlait sur un enfant en train de faire ses dents, des maltraitances verbales ou des gestes violents.* » Aujourd'hui, il croit au système des micro-crèches qui permet un accueil plus individualisé.

Depuis 2010, les petites structures comme celle-ci sont en pleine expansion. Pas seulement chez People&Baby. L'un de ses concurrents, La Maison Bleue, précise qu'un tiers de ses structures sont des micro-crèches aujourd'hui. Ces établissements, à but lucratif en très grande majorité, peuvent accueillir jusqu'à 12 enfants. Ils bénéficient d'une réglementation plus souple avec de multiples dérogations sur la taille des locaux, les diplômes requis pour le personnel de direction ou la possibilité d'ouvrir et de fermer la crèche avec seulement 1 employé. Plus faciles à créer et à remplir que des plus gros établissements, ces micro-crèches sont aussi plus rentables. Mais ce succès a un revers : en 2021, la répression des fraudes a enquêté sur 362 structures et a relevé des non-conformités dans deux tiers des crèches analysées. Elle pointe des défauts d'information, des « *clauses abusives* » dans certains contrats, voire des pratiques pour « *tromper sur les prestations effectives d'accueil* ». Certaines crèches mettaient par exemple en avant des « *qualifications fictives* » de leur personnel ou des activités comme l'apprentissage de la langue des signes qui n'existaient pas en réalité.

Conscient des critiques, Paul gère au mieux sa structure, se retrouvant parfois à freiner face aux pressions des commerciaux du groupe. « *L'intérêt des enfants et l'intérêt de l'équipe passeront toujours avant l'intérêt financier d'une entreprise* », assure Paul. Quitte à être pris pour une brebis galeuse. Lui appelle ça une vocation. Difficile de résister aux injonctions quand « *le taux de satisfaction, le taux d'occupation, la rentabilité des crèches, le faible turnover* » sont mentionnés jusque sur sa fiche de poste. Pendant la sieste des enfants, une stagiaire nous glisse avoir été dégoûtée par le milieu de la petite enfance, avant d'arriver dans cette structure où elle est bien traitée. Ici, pas de supérieurs méprisants, pas de guerre de clans ni de discriminations, selon les professionnelles.

Régulièrement, Paul organise des repas d'équipe ou des cafés avec les parents dans la crèche. « *On a une mission de soutien à la parentalité. On porte les familles au quotidien* », poursuit-il. Père de famille, lui-même a été confronté aux pénuries de berceaux. « *Il faudrait que les crèches soient dans la continuité d'un groupe scolaire. Que les parents n'aient pas à se demander où mettre leurs enfants*, propose Paul. *Il faudrait aussi une valorisation du métier et des formations qui ne soient pas expéditives* », balaye-t-il.

Paul a bien conscience du manque de formation du personnel et du besoin de revaloriser le secteur. Pour éviter tout risque, il dit prendre soin d'appeler les deux précédents employeurs au moment de recruter une salariée. Peu prennent le temps de le faire, selon lui. « *Il faudrait une vérification des diplômes automatique et des contrôles de la Protection maternelle et infantile tous les six mois* », déplore-t-il.

Quand on évoque le drame de Lyon, les regards se font gênés. Qui peut concevoir faire avaler du Destop à un bébé de onze mois ? Paul craint que ce ne soit que le signal d'alarme d'une crise plus profonde. Ses employées n'imaginent pas une seconde que cela puisse se passer ici.

« *Attention, vous serez toutes à l'écran, filmées en caméra cachée* », ironise l'une d'entre elles. Il y a quelques jours, une journaliste de BFM a enquêté en immersion dans deux crèches privées, pour l'émission *Ligne rouge*, « Crèches, nos enfants en danger ». Sans diplôme et sans compétences, elle a pu se faire embaucher dans des crèches Babilou et La Maison Bleue, les concurrents. En interne, un communiqué de People&Baby a circulé. Le directeur des opérations du groupe y rappelle le « *devoir de discrétion pour assurer la sécurité de l'ensemble des collaborateurs et par ricochet celle des enfants* ». Il y évoque une précédente tentative d'infiltration avec une caméra cachée, « *démasquée* » à temps, sans plus de détails.

En partant, notre regard est attiré par une affiche dans l'entrée. Le groupe People&Baby évoque cette fois-ci le rapport de l'Igas sur les maltraitances publié quelques semaines plus tôt. « *Nous comprenons les vives émotions suscitées par certains témoignages* », peut-on lire sur la feuille placardée au mur. L'entreprise vante le niveau de qualification de ses salariés, qui serait supérieur à la réglementation. « *Nous sommes le seul groupe de crèches à imposer la présence de deux professionnels avec les enfants à n'importe quel moment de la journée* », insiste-t-elle.

Malgré ce contexte pesant, le directeur rassure les parents, les prévient dès qu'il y a une morsure ou un bleu. « *Cela crée de la suspicion, sinon* », explique-t-il, en nous raccompagnant vers la sortie. Il insiste sur le besoin d'apporter du calme et du repos aux salariées. C'est sa priorité car « *les enfants sont comme des éponges* ». Pour Paul, ces bonnes pratiques devraient être la règle partout. Sa crèche fait plutôt figure d'exception. Pour nous, cette rencontre sera comme un ballon d'oxygène au milieu de dizaines de témoignages de salariés en souffrance.

10

Salariées brisées

« *Ce qui fait le lit de la maltraitance des enfants, c'est la maltraitance du personnel* », nous avait confié Marie-Christine Colombo, une ancienne médecin-chef de la PMI en charge de l'inspection des crèches en Meurthe-et-Moselle. Cette phrase ne nous quittera pas tout au long de l'enquête.

Depuis dix ans au moins, tous les indicateurs sont dans le rouge. Dans les métiers de services, les indicateurs de la sinistralité sont dans le rouge. Entre 2020 et 2021, les maladies professionnelles dans le secteur de la petite enfance ont augmenté de 36,8 %, les accidents de travail de 34,6 % et les accidents de trajet ont progressé de 39,8 %, selon les données de la Caisse nationale d'assurance maladie sur une partie des salariés (plus de 90 000 personnes).

Ces résultats sont à prendre avec précaution, étant donné les périodes de chômage partiel lors de la pandémie de Covid-19. En 2021, 32,5 salariés sur 1 000 étaient victimes d'accidents du travail dans le secteur de la petite enfance. Un peu plus que la moyenne nationale tous secteurs confondus. Ce chiffre est supérieur à celui d'avant Covid : il y a dix ans, 27,4 salariés sur 1 000 étaient victimes d'accidents du travail. Ce sont les femmes qui en sont victimes à 97 % actuellement.

Il s'agit majoritairement de troubles musculo-squelettiques (TMS) qui attaquent les jambes, puis le dos, le cou et les vertèbres, les bras jusqu'aux poignets et aux doigts. Les gestes du quotidien les usent : manipulation des enfants à porter, à changer, l'installation du matériel, les chutes, les eczémas allergiques quand ce n'est pas un ménisque déchiré. C'est dans les établissements comptant entre 10 et 49 salariées que l'on dénombre le plus d'accidents du travail. Même les plus jeunes ne sont pas épargnées. La pénibilité de leur travail n'est pas reconnue. Dans la petite enfance, le salaire moyen est estimé à 19 748 euros brut par an en 2020, selon le baromètre du Syndicat national des professionnel·le·s de la petite enfance. À peine plus haut que le Smic.

Cette souffrance au travail, doublée de précarité, nous en avons pris la mesure lors d'un appel à témoignages lancé grâce au site d'investigation *Mediacités*, en août 2022. Plus de 100 personnes, parents et professionnelles, nous répondent en quelques jours. « *Les repas des bébés étaient chronométrés à neuf minutes grand max par enfant* », raconte Elena* dans le formulaire en ligne. C'était « *comme dans une usine* ». Dans les mois qui suivent, nous mènerons des dizaines d'autres entretiens. Mis bout à bout, ces témoignages de professionnelles, une quasi-totalité de femmes, finissent par se ressembler tant ils illustrent les failles de tout un secteur. Ces salariées nous racontent la même machine à broyer, leur souffrance, leur culpabilité de ne pas avoir dénoncé assez vite des situations à risques. Certaines n'arrivent pas à retenir leurs larmes pendant ces entretiens, parfois des années après avoir vécu une expérience traumatisante. La surcharge de travail revient à chaque histoire. « *Souvent, on s'est retrouvées en fin de journée à gérer une vingtaine d'enfants à deux* », raconte de son côté Karen*, ancienne employée chez un « *poids lourd* » du secteur privé.

Le dos cassé, elles s'arrangent comme elles peuvent pour travailler. Certaines prennent soin d'aller chez le kiné chaque semaine, trouvent des stratégies pour contrer la douleur, font du sport, prennent des antidouleurs ou mettent des bouchons d'oreilles pour se protéger du niveau sonore trop élevé. L'épuisement s'installe, parfois jusqu'au « craquage » puis à la dépression. Parmi ces professionnelles, certaines se disent « *dégoûtées* » par les conditions de travail et se reconvertissent. « *Pourtant, j'aimais mon métier. C'est un métier de cœur* », entend-on régulièrement.

Cette pénibilité est souvent invisibilisée. Les idées reçues ont la vie dure, leur métier est souvent réduit à des aptitudes féminines et maternelles qui ne nécessiteraient pas de compétences particulières. « *C'est une vocation* », entend-on souvent, alors qu'il s'agit d'un travail technique, d'éducation, avec des soins et un accompagnement des familles.

Les salaires sont tirés vers le bas. Dans son rapport, l'Igas souligne que la précarité de ce secteur est une des causes de la pénurie. « *Les faibles niveaux de rémunération, la qualité de vie au travail, le sentiment de ne pas pouvoir accorder à l'enfant le temps dont il a besoin ne permettent pas d'attirer et de fidéliser le personnel* », peut-on y lire.

À Montpellier, où nous la rencontrons, Océane pèse ses mots pour parler de son ancien travail, assise dans un café du centre-ville. Cette éducatrice de jeunes enfants n'a pas tenu longtemps dans une crèche privée d'un grand groupe des Hauts-de-Seine, en 2018. « *On se retrouvait à garder 8 enfants chacune et à devoir nettoyer les jeux, par exemple. Il y avait en permanence des tâches à faire* », raconte-t-elle. Elle ne supportait plus de devoir changer les couches des enfants en une à deux minutes, un moment qui est censé être « *un peu privilégié pour l'enfant car on est seule avec lui, on l'accompagne dans son autonomie* ». Elle ne s'en rend pas compte mais elle est épuisée et maigrit à vue d'œil. Elle perd une dizaine de kilos, tombant à 43 kg pour 1,70 m. Océane énumère ses problèmes de genoux, de dos, le bruit constant et la sensation d'être en vigilance tout le temps. En plein burn-out, elle rompt sa période d'essai. Le 2 novembre 2018, Océane écrit à la médecine du travail et dénonce « *un sentiment de ne pas être écoutée* » par sa direction sur son impression de faire un « *travail à la chaîne* » auprès des enfants. Elle ajoute : « *J'avais craqué une fois après un entretien avec la direction et j'ai aussi vu d'autres membres de l'équipe craquer, à bout de nerfs.* » Dans le même e-mail, elle se dit inquiète « *pour le bien-être de l'équipe mais aussi des enfants* ». Un an après, elle déménage dans le Sud. Aujourd'hui, il est hors de question pour elle de retourner en crèche, elle est devenue assistante parentale.

À la fatigue physique s'ajoutent aussi les problèmes de fournitures qui arrivent avec des semaines de retard, les jouets, les meubles que l'on répare avec un bout de Scotch, faute d'avoir le budget pour en acheter des neufs. « *J'ai vu des collègues payer de leurs propres deniers des paquets de couches au Casino du coin* », se souvient Céline, passée par une crèche à Malakoff, dans les Hauts-de-Seine. Quand ce ne sont pas les pannes de chauffage ou les problèmes de plomberie qui tardent à être résolus. « *On est restés quatre mois sans lave-linge, on allait nous-mêmes à la laverie !* » raconte une ancienne adjointe d'une crèche parisienne de People&Baby. À ce sujet, l'entreprise nous répondra qu'il est « *possible* » qu'une réparation prenne plusieurs semaines et que « *de manière très exceptionnelle [...] certaines lessives aient dû être effectuées au Lavomatic ou par un prestataire externe selon les cas* ».

À Marseille, Aurélie* était ce qu'on appelle « *une volante* », une auxiliaire envoyée en renfort à droite ou à gauche selon les besoins. Elle passait par une agence d'intérim, spécialisée dans la santé et la petite enfance. La veille au soir ou tôt le matin, on lui indiquait sa nouvelle mission, d'une durée de quelques jours à plusieurs semaines. Il faut s'adapter à chaque parachutage. « *En 2022, j'ai fait une vingtaine de crèches en un an*, explique-t-elle. *Parfois, on fait de l'ouverture à la fermeture.* » Comment avoir le temps de se présenter aux parents à chaque fois ? Comment s'intégrer dans des équipes déjà épuisées ? L'accueil varie selon les structures. « *Je suis tombée sur des crèches où je me demandais où étaient les responsables. Une fois, j'ai dû demander à la femme de ménage des infos. C'est un cas extrême* », précise-t-elle. Au bout d'un an, Aurélie a des problèmes de santé. « *J'ai eu une hernie cervicale à force de porter les enfants.* » Sa kinésithérapeute lui déconseille de continuer dans la petite enfance. « *Il ne faut plus que j'aie de charges à porter* », raconte-t-elle. À trente-deux ans, Aurélie est devenue hôtesse d'accueil.

Lui aussi a songé à tout plaquer. De son passage dans une crèche People&Baby en Normandie, Anthony Grall a gardé des épisodes dépressifs, quelques angoisses, une invalidité permanente fixée à 5 % par la médecine du travail et 2 108,55 euros d'indemnités versées par la Sécu en février 2023. « *C'est pas cher payé pour une période de ma vie où j'ai failli perdre la mienne* », murmure ce trentenaire, l'un des rares hommes dans ce milieu à 95 % occupé par des femmes.

En 2014, son CAP petite enfance en poche, il commence sa carrière en Normandie. Ce jeune père de famille, qui a plutôt fait des études de graphisme, s'est intéressé au milieu après la naissance de son fils en 2011. Comme pour beaucoup, les débuts dans ce secteur sont faits de remplacements et de CDD précaires. Il roule sa bosse dans des crèches associatives, municipales, interentreprises ou des micro-crèches. En janvier 2021, il obtient son premier CDI dans une crèche du groupe People&Baby. Une structure de 100 enfants intégrée au centre hospitalier de Rouen. La plupart des petits sont ceux du personnel du CHU. Anthony débarque dans cet immeuble de trois étages, une section de 30 enfants par étage. « *On l'appelait "l'usine"* », se remémore-t-il. La crèche ouvre de 5 h 45 à 21 h 30. « *Il faut tenir cette cadence ! Il fallait assurer le même rendement quel que soit le nombre de professionnels présents*, explique-t-il. *C'est une grosse machine à faire tourner.* » Il restera un an.

Spontanément, un souvenir de 2021 lui revient en mémoire. Peut-être l'un de ses derniers dans l'entreprise. L'image du « *phare* ». C'est comme ça qu'Anthony et ses collègues avaient baptisé un poste de travail, parmi les plus durs de la crèche. Le principe est simple : pendant que les professionnels donnent les repas « *à la chaîne* » aux enfants, un autre est posté au milieu des autres qui attendent, « *pour faire tampon* ». Ce poste hante encore Anthony. « *Vous restez planté au milieu de la pièce, face à 15 ou 20 enfants qui pleurent ou vous sollicitent, sans pouvoir rien faire. Vous faites le clown, vous racontez une histoire, vous marchez sur les mains si vous pouvez, mais au final vous êtes forcément dépassé. Vous essayez d'en consoler 1, 2, 3, mais vous êtes submergé.* » C'est cette vague, ce sentiment d'impuissance, qui a brisé Anthony.

« Je travaillais dans le groupe des moyens, le plus gros. On avait jusqu'à 46 enfants », raconte-t-il. Pour un salaire d'environ 1 500 euros brut et des Ticket Restaurant. Il trouve les locaux, d'anciens bureaux, mal adaptés. *« Les enfants étaient parqués, je ne trouve pas d'autres mots. »* Le beau projet qu'on lui a présenté à l'entretien d'embauche, autour du projet pédagogique ou de la présence de la nature dans la crèche, s'effrite. *« Un jour, on s'est retrouvés à 2 pour 27 enfants dans la section. Ça sautait de partout ! Ils grimpaient sur les meubles, criaient… On était dépourvus de solutions*, soupire Anthony. *J'étais témoin d'une forme de maltraitance à laquelle je ne pouvais pas remédier. »*

Anthony en parle à la direction, sans soutien. Il dit avoir été petit à petit écarté du groupe. Les informations utiles à son travail ne lui sont pas forcément transmises. C'est l'engrenage infernal. La colère monte, jusqu'à un soir de mai où tout bascule. *« Je prends ma voiture dans le parking vers 21 h 30. J'étais tellement au bout du rouleau que j'ai démarré trop brutalement, j'ai emplafonné ma voiture. »* Anthony reprend la route malgré tout, sans réaliser son état tout de suite. *« Sur le chemin, j'ai eu une idée suicidaire. Ça a duré une fraction de seconde, mais j'ai failli foncer dans un arbre pour en finir. Puis j'ai pensé à ma femme, mes enfants… »*, lâche l'agent de puériculture, visiblement ému de se remémorer cet épisode.

La médecin lui explique qu'il est en burn-out. Durant l'été 2021, il aura deux arrêts de travail pour se remettre du *« harcèlement professionnel allégué »* mentionné sur son certificat médical et une prise en charge psychologique pour des troubles anxieux, une irritabilité et un sommeil perturbé. Il se met à prendre des antidépresseurs. Alors Anthony décide de demander la reconnaissance de sa maladie professionnelle. En septembre, il reprend plus régulièrement son poste, envoyé dans la section des bébés cette fois-ci.

Il repart rapidement en arrêt à l'automne et signe une rupture conventionnelle en décembre 2021. Interrogé sur cette crèche parmi les plus grandes du groupe, People&Baby en défend « *la qualité exceptionnelle* ». Pour l'entreprise, le départ d'Anthony s'expliquerait par « *son comportement* » qui « *n'était pas compatible avec l'exercice de ses fonctions* ». Le groupe assure que, dans cette crèche, « *les taux d'encadrement sont non seulement respectés mais dépassés dans certaines unités (1 professionnel pour 7 enfants marcheurs dans la section des moyens)* ».

Ce n'est qu'en février 2023, après un recours, qu'Anthony obtient enfin la reconnaissance de sa maladie professionnelle. Dans un courrier, l'Assurance maladie atteste que son invalidité a été causée par son travail. Une reconnaissance surtout symbolique. Depuis, Anthony a réussi à « *rebondir* » en travaillant dans une structure publique puis dans une plus petite structure privée où il se sent bien.

Parfois, la souffrance des professionnelles surgit brutalement. Comme pour Laëtitia*, qui a fini en hôpital psychiatrique à quarante-neuf ans. Nous la rencontrons à Lyon, dans le quartier de la gare de la Part-Dieu. Elle raconte tout depuis le début, devant un gobelet d'expresso. Expérimentée, Laëtitia a été directrice de plusieurs crèches à Lyon. En avril 2020, elle se retrouve à la tête d'une micro-crèche de 10 berceaux de la Mutualité française du Rhône dans le quartier de La Duchère, un secteur *« marqué par du trafic et des violences »*. De l'automne 2021 à l'été 2022, la situation dans le quartier se dégrade. Des coups de feu sont tirés. En juin 2022, deux jeunes de seize et vingt ans sont tués dans une fusillade au pied de la barre Sakharov qui surplombe la crèche.

Dès la fin de l'année 2021, les salariées de la micro-crèche et du groupe scolaire voisin craignent pour leur sécurité et celle des enfants, mais la crèche reste ouverte. En décembre, une première réunion avec la mairie, le commissariat et les acteurs du terrain concernés est organisée pour réagir à *« la survenue d'évènements graves »*. Nous avons pu en consulter le compte rendu. *« La crèche fait part d'un manque d'informations et d'un fort sentiment d'isolement »*, est-il précisé. Jamais Laëtitia n'aurait cru devoir gérer ce genre de situation. Elle n'est pas formée pour ça. Aucun responsable de la Mutualité française du Rhône ne l'accompagne à ce moment-là. *« J'étais la seule représentante de la crèche »*, explique-t-elle. Une deuxième réunion a lieu le 23 juin 2022 après la fusillade mortelle. Là encore, Laëtitia se sent contrainte de tout assumer. Il faudra attendre une troisième réunion pour que la direction de la Mutualité française du Rhône se déplace.

Quelques jours plus tard, le 5 juillet, les enfants sont à la sieste. Un bruit d'explosion et une alerte retentissent. Laëtitia se confine avec les enfants. Elle échange des textos avec sa supérieure pour demander de l'aide. Les policiers déboulent. Au final, c'est une fausse alerte mais qui laisse des traces. « *Un psychologue est venu pour faire de la prévention en cas de symptômes post-traumatiques*, explique-t-elle. *Mais il y a eu un manque de soutien de la direction au démarrage.* » Elle souffre du dos, ses nerfs sont « *en pelote* » après cette accumulation d'évènements. Plus le rythme de la crèche à tenir. « *Je voulais du silence*, se souvient-elle. *Ça a été une bataille pour délocaliser la micro-crèche ensuite* », raconte-t-elle derrière ses lunettes rondes. Au bout de quelques semaines, la crèche est finalement délocalisée dans une autre structure du groupe, dans un quartier proche. Le stress des derniers mois retombe. Elle prend un enfant dans ses bras pour aider ses collègues. D'un coup, elle a « *le blues qui monte* ». Des larmes coulent en continu, toujours avec l'enfant dans ses bras. « *J'ai craqué sur le terrain* », explique-t-elle, avec une grande pudeur. Comme si elle n'en revenait toujours pas.

Le soir même, elle sera hospitalisée dans une unité psychiatrique de crise à Lyon. Elle n'en ressortira que cinq mois plus tard. « *J'ai un symptôme post-traumatique, je suis suivie par un hôpital de jour* », détaille-t-elle. Dans toute cette histoire, elle regrette que la PMI n'ait pas été à la hauteur des évènements. « *Quand on a délocalisé la crèche, on a eu un contrôle de la PMI. Ils regardaient par exemple si le chauffe-biberon était bien placé !* » s'exclame-t-elle. Comme si rien ne s'était passé, alors que son équipe est à bout. Depuis, la crèche a rouvert au même endroit. Laëtitia, elle, est en arrêt maladie. Contactées, la PMI et la Mutualité française du Rhône n'ont pas répondu à nos questions.

La santé physique et psychologique de ces travailleuses inquiète au plus haut niveau. En plein débat sur la réforme des retraites, le député des Yvelines William Martinet (La France insoumise), trente-quatre ans, a lancé un appel à témoignages auprès des professionnelles de la petite enfance, en février 2023, pour préparer des interventions à l'Assemblée nationale. Pourriez-vous « *travailler deux ans de plus dans la petite enfance ?* » interroge-t-il sur les réseaux sociaux. Son équipe reçoit près de 550 réponses d'éducatrices de jeunes enfants, d'auxiliaires de puériculture ou d'assistantes maternelles, via un formulaire numérique que nous avons pu consulter, après anonymisation. « *On a été un peu dépassé*, explique le député. *Cela a permis de synthétiser la pénibilité de ce métier, où on n'a presque pas de pause, avec une tension permanente pour surveiller tout le temps les enfants.* » Le député en a fait son cheval de bataille. Un combat qui n'est pas sans rappeler celui de son collègue sur les bancs de l'Assemblée, le député François Ruffin, coréalisateur du film *Debout les femmes* (2020) sur les salariées essentielles, invisibles et précaires, dans les métiers du lien et du soin.

Au fil des réponses à ce questionnaire, la pénibilité physique, le bruit, la charge mentale d'assurer la sécurité physique et affective des enfants reviennent en boucle. Toutes ne voient pas comment repousser leur départ à la retraite. « *Je suis cassée* », « *mon corps n'en peut plus* », lit-on dans ce tableau. « *Comment cela va être possible à soixante-quatre ans ? C'est un danger pour les enfants, il y aura plus de fatigue physique et psychologique chez les pros* », alerte une auxiliaire de puériculture de Loire-Atlantique. Une autre des Yvelines raconte être déjà placée en inaptitude totale. À cinquante-quatre ans, après trente-cinq ans de métier, elle se retrouve « *sur le carreau* ». Elle dit souffrir d'une « *hernie discale aux lombaires et des lumbagos à répétition* ». Elle ajoute : « *Je ne parle pas des tendinites aux épaules et aux coudes qui étaient devenues chroniques.* » À Paris, une éducatrice de jeunes enfants se livre : « *Je n'ai que quarante-deux ans et pourtant je prends des médicaments plusieurs fois par semaine, uniquement à cause de douleurs ou de maux de tête causés par le stress, le bruit, l'impuissance.* » Une autre dit être « *sous Doliprane constamment* ». La liste des maux est longue.

En avril 2023, William Martinet a demandé la création d'une commission d'enquête sur le modèle économique des entreprises de crèches et la qualité de l'accueil des jeunes enfants au sein de leurs établissements. Avant lui, le rapport de l'Igas recommandait de lancer une campagne nationale pour revaloriser ces métiers, de créer une carte professionnelle, de veiller à l'application de l'évaluation des risques professionnels ou encore de renforcer les formations. Il soulignait que des conditions de travail dégradées peuvent être le point de départ de dérives : « *Un rythme de travail séquencé, "à la chaîne", qui vide l'activité de son sens, favorise la négligence.* »

Pour retrouver du sens, certaines professionnelles du secteur décident de créer leur propre structure. À Marseille, nous avons rencontré Laudine Schmidt, quarante-quatre ans, et Anaïs Thessot, trente-sept ans. Ces éducatrices de jeunes enfants ont ouvert leur Maison d'assistants maternels (MAM) en septembre 2020, après avoir obtenu un agrément. Ce dispositif permet à des assistantes maternelles de se regrouper dans un local et de bénéficier de subventions publiques. Une sorte de crèche collective, mais en plus souple.

À deux, elles ne gèrent pas plus de 8 enfants dont 3 qui ne marchent pas. « *J'ai été trois ans en crèche, une publique puis une privée dans un grand groupe* », raconte Laudine. Elle travaille alors dans des grosses structures avec 15 bébés et 30 enfants moyens et grands. En tant qu'éducatrice de jeunes enfants, elle se retrouve à « *faire tampon* » entre les salariées, peu diplômées, et la direction. « *J'étais épuisée, j'ai perdu beaucoup de kilos, sans parler des maladies qu'on attrape* », se souvient-elle. À tous niveaux, la souffrance au travail était présente. « *C'était une usine à gaz, avec beaucoup d'arrêts maladie donc des heures supplémentaires pour les autres. Pour la direction aussi, c'était une charge mentale de dingue.* » Dans cette crèche rachetée par un grand groupe, Laudine assiste à la mise en place de badgeuses à l'entrée de la crèche. « *C'était rentabilisé à fond. Il y avait plus de tableaux, plus de procédures, plus de charges pour la directrice* », soupire-t-elle. Le tout pour un salaire minime.

Après trois ans de stages et d'études, Anaïs non plus ne se sent pas de continuer dans des crèches classiques. Dans sa structure, elle tente d'instaurer un rythme plus apaisé. Avant le repas, les enfants ont un rituel de chansons avec des peluches, une séance de yoga car « *ils ne peuvent pas rester en place longtemps, c'est contre leur développement* ». Après la sieste, un atelier musique et des lectures sont organisées. À leur arrivée, les parents s'installent au sol, débriefent, allaitent les enfants de façon sereine. La relation avec les parents est longuement préparée, cela fait même partie du contrat. « *On impose aux parents une période d'adaptation de quinze jours. Ils peuvent rester une matinée chaque jour, par exemple. On se met à nu sur notre manière de travailler* », détaille Anaïs.

Anaïs et Laudine ont réfléchi longuement à une méthode d'encadrement plus propice au développement de l'enfant. Anaïs s'est posé des limites. « *Quatre enfants, c'est un maximum pour moi* », poursuit-elle. Les trente-trois heures par semaine requièrent déjà une vigilance de tous les instants. « *Un bébé, c'est comme une personne âgée ou handicapée. Si on est fatiguée, on peut vite devenir maltraitant. Il faut du repos et être formée*, souligne-t-elle. *Tout l'inverse de ce qui existe.* »

Ces éducatrices de jeunes enfants ont refusé d'être les forçates d'un système qui broie ses salariées. Elles tentent de reprendre le contrôle de leur travail pour retrouver une qualité d'accueil impossible autrement. Mais ces initiatives individuelles ne peuvent pas à elles seules prévenir les maltraitances en crèche. Les cas les plus graves se règlent devant les tribunaux.

11

Dénoncer

« Si vous saviez ce qu'elles font subir aux enfants… » Ce jour de juillet 2021, la petite phrase lâchée par l'une de ses salariées vient percuter Julie Fallon en pleine face. Jusqu'ici, tout allait plutôt bien pour cette entrepreneure, reconvertie dans la petite enfance après avoir eu trois enfants et cumulé des expériences professionnelles dans l'animation de loisirs ou le secrétariat médical. Installée en périphérie d'Orléans, elle avait sauté dans le train des micro-crèches, alors en plein boom. Sa société, Cocci'bulle, avait créé deux premières structures en 2014 à Saint-Jean-le-Blanc, puis une troisième en 2018 à Saint-Denis-en-Val, dans le Loiret. Le marché est porteur. *« On était à 70 demandes pour 5 places »*, se souvient Julie. Cet été-là, son entreprise remontait doucement la pente, après la période tumultueuse du Covid. L'horizon s'éclaircissait pour les 19 salariés et la quarantaine d'enfants accueillis dans les trois crèches.

La tempête arrive à l'été 2021. Au mois de juin, l'une des salariées de la crèche Lib' et Bulle – celle de

Saint-Denis-en-Val – organise avec les enfants une activité « chimie » avec un mélange de vinaigre blanc et de bicarbonate de soude, sans en avoir l'autorisation. La jeune femme est dénoncée par ses deux autres collègues, qui lui reprochent aussi un incident avec un enfant de la crèche. En tant que gestionnaire, Julie Fallon la convoque en juillet et l'informe de sa mise à pied pour quelques jours. Mais, au cours de cet échange, la salariée se lance dans un grand déballage : *« Si on me sanctionne pour ça, sachez qu'il y a bien pire. »*

Devant sa cheffe atterrée, elle raconte que, depuis des semaines, deux autres auxiliaires de puériculture multiplient les actes de maltraitance dans la crèche. Elle lui parle d'enfants jetés en l'air et rattrapés *in extremis*, dans des simulations de chute, leur tête touchant parfois le plafond. De gosses enfermés dans le noir, dans le dortoir ou dans les toilettes, pour les punir de trop pleurer. D'employées baissant leur pantalon devant eux pour s'amuser. De la chanson *À la claire fontaine* transformée en *À la claire branlette*. D'insultes comme « petit con », « pute » ou « connasse », adressées à des enfants de deux ans. Ou de surnoms dégradants adoptés pour les désigner : « M le Maudit », « Tristesse ».

Pire encore, elle informe sa responsable que des photos et vidéos de ces agissements ont été diffusées sur le groupe WhatsApp des salariées. Transmises par la suite aux policiers en charge de l'enquête judiciaire, ces images montrent l'une des employées en train de tenir une petite fille sous les aisselles et « *la lâcher dans le vide avant de la rattraper* ». Sur une autre, elle prend la main d'un enfant pour lui faire faire un doigt d'honneur. Des photos et témoignages montrent les salariées en train de coincer la tête d'un enfant « *entre leurs fesses* » et les « *secouer* » en rigolant, notent les enquêteurs. Le tout en se filmant, hilares.

« *Quand je vois ça, mon monde s'écroule* », se souvient Julie Fallon. Elle a embauché les deux auxiliaires en 2020 et n'a jamais constaté la moindre dérive. « *J'étais loin d'imaginer ça, chaque matin les enfants se jetaient dans leurs bras.* » Plus tard, elle comprendra que les salariées laissaient souvent la fenêtre de la crèche ouverte pour entendre sa voiture arriver et éviter d'être surprises.

Les deux professionnelles sont mises à pied à titre conservatoire, un préalable à un licenciement pour faute grave. Elles ne remettront jamais les pieds dans la crèche. Dans la foulée, Julie pousse la porte d'un commissariat et signale les violences constatées, début août. De premiers témoins sont entendus par les enquêteurs dans les jours qui suivent.

Placées en garde à vue en septembre, les deux salariées mises en cause, âgées toutes deux de vingt-deux ans, ne nient pas longtemps. Elles reconnaissent la majorité des faits, tout en assurant n'avoir pas eu l'impression de faire du mal aux enfants. L'une d'entre elles explique être « *à bout* » et avoir « *déraillé* ».

L'affaire est chroniquée par les médias locaux. Le procès se tient dès le mois de décembre 2021. Quinze familles dont les enfants ont subi des maltraitances se constituent parties civiles. En janvier 2022, les deux salariées sont condamnées à douze mois de prison avec sursis. La peine est assortie d'une interdiction définitive d'exercer une activité professionnelle ou bénévole au contact de mineurs. Une troisième employée écope de quatre mois avec sursis pour n'avoir pas dénoncé les faits. Pour la justice, l'affaire est close.

Mais pour Julie Fallon, tout a basculé. Le scandale a fait fuir beaucoup de familles. Ses crèches battent de l'aile, faute d'enfants. Son entreprise ne s'en remettra jamais. Placée en redressement judiciaire, elle sera reprise pour seulement 207 000 euros par le groupe MicroStars, un réseau d'une quarantaine de crèches, présent surtout en Île-de-France.

« *J'ai tout perdu* », résume Julie. Le tribunal ayant rejeté sa demande de constitution de partie civile, elle n'a pas obtenu d'indemnités. Depuis la perte de son entreprise, elle dit avoir dû déménager pour « *échapper aux regards des gens* ». Elle a multiplié les petits boulots : chauffeuse-livreuse, emballage de tablettes de chocolat, ramassage de fruits… Elle voudrait créer un organisme de formation destiné à des personnes en situation de handicap. Mais sans aucun salarié, cette fois-ci. « *Je n'ai plus confiance* », dit-elle.

« *Si c'était à refaire, je dénoncerais à nouveau, même en sachant que ça me coûte ma boîte*, affirme Julie. *Je sais que j'ai bien agi, je peux me regarder dans le miroir, même si je m'en voudrai à vie d'avoir embauché ces deux personnes.* »

Avec le recul, l'ancienne gestionnaire s'interroge en revanche sur le rôle de la Protection maternelle et infantile du département du Loiret. À ses yeux, ce service censé contrôler la qualité de l'accueil des crèches n'a été d'aucune aide dans ce dossier et lui a même *« mis des bâtons dans les roues »*, au moment où son entreprise était en difficulté. *« C'est simple, ils n'ont rien fait »*, lâche-t-elle. Juste après avoir signalé les faits à la police, Julie a appelé la PMI pour expliquer la situation. *« On m'a répondu qu'ils avaient des dossiers plus importants à traiter et que nous avions de toute façon un rendez-vous prévu en octobre »*, soit deux mois plus tard. *« Je me souviens leur avoir dit qu'ils ne mesuraient pas bien la gravité de la situation. »*

Les semaines passent sans qu'aucun agent de la PMI ne vienne à la crèche. Et lorsqu'une responsable du service est finalement entendue par les enquêteurs début septembre, elle enfonce Julie Fallon. *« Elle a dit que je n'étais pas en règle, ce qui s'est révélé complètement faux. »* Ce n'est qu'au lendemain de cette audition, soit un mois après l'alerte, que la crèche Lib' et Bulle est contrôlée, suivie par les deux autres établissements de Julie peu après. *« Ce que je voulais, c'était des conseils sur la manière de gérer cette situation, pas un contrôle de mes papiers ! »* souffle Julie.

À la suite de ces inspections, Julie apprend que ses crèches risquent de faire l'objet d'une fermeture administrative. En échangeant avec la PMI, elle comprend que les services pensent que les salariées mises en cause sont encore en poste, d'où la menace de fermeture. *« C'était dingue ! Les personnes qui avaient fait les contrôles n'avaient pas transmis toutes les infos. C'est quand même révélateur d'un manque de sérieux. »*

Sollicitée par nos soins, la PMI du Loiret fait valoir qu'elle a été en contact par téléphone à trois reprises avec Julie Fallon en août 2021, mais que cette dernière aurait refusé de donner des informations précises sur *« les faits, leur gravité et les professionnelles concernées »*. Tout en admettant avoir bien su dès le 6 août que deux salariées étaient mises à pied et qu'une plainte avait été déposée au commissariat. La PMI n'aurait eu une connaissance précise des faits qu'après son audition par la police. Après les contrôles réalisés en septembre, les pouvoirs publics ont ensuite décidé de ne pas fermer l'établissement : les professionnelles impliquées dans cette histoire n'étant plus présentes, la micro-crèche pouvait à nouveau fonctionner *« sans aucun danger à constater »*, estime le département du Loiret.

« Ils se défaussent complètement. Oui, je n'ai pas été très précise au téléphone, parce que je venais de signaler les faits à la police qui m'avait dit de rester discrète. Mais j'ai clairement parlé de maltraitances, de plainte et de mises à pied. Qu'est-ce qu'ils voulaient de plus pour bouger ? » s'énerve Julie. *« Ils ont fait l'autruche »*, lâche-t-elle.

Julie n'est pas la seule à pointer le manque de réactivité des PMI, partout en France. En cause notamment : le très faible suivi des salariées au cours de leur carrière. Plusieurs interlocuteurs nous ont évoqué des cas de personnels « à problèmes », virés discrètement ou non reconduits, sans plainte et sans en informer la PMI, faute de preuves matérielles ou pour s'éviter des ennuis. Pendant l'enquête judiciaire, Julie Fallon apprendra qu'une des deux salariées maltraitantes avait déjà été licenciée d'une crèche municipale de la métropole d'Orléans, un ou deux ans plus tôt. Sans que cette information ne lui soit transmise au moment de son embauche. « *Quand on recrute, on demande les casiers judiciaires, mais c'est surtout du feeling, on regarde comment la personne se comporte avec les enfants*, explique Julie. *J'ignorais tout de ses antécédents.* »

12

Les inspecteurs

Une descente organisée en catastrophe. Cet été 2022, la Protection maternelle et infantile, la « police des crèches » de la métropole de Lyon, lance une salve de contrôles en urgence. Au cours des semaines qui suivent le décès survenu dans la crèche Danton Rêve de People&Baby, des dizaines de crèches du groupe sont inspectées en quelques semaines. La méthode est peu ordinaire. En temps normal, les visites sont planifiées à l'avance, sauf en cas de problème signalé par une famille ou par le gestionnaire. Les visites surprises sont rares, une fois tous les deux ans en moyenne.

À Lyon, ces contrôles aboutissent à 17 injonctions adressées à People&Baby : des courriers par lesquels les pouvoirs publics demandent à l'entreprise de se mettre en conformité sur des points précis. La majorité des problèmes relevés sont d'ordre administratif, avec des tableaux de suivi pas à jour, des déclarations en retard, explique Lucie Vacher, vice-présidente de la métropole de Lyon chargée de l'Enfance, lorsque nous la rencontrons en septembre. Car l'enjeu de ces visites est aussi politique. Pour les élus locaux, il s'agit d'afficher une certaine fermeté. Mais quelle est la portée de ces contrôles ? Qu'observent réellement les agents des PMI lors de ces visites de deux heures ?

Comme des inspecteurs, les agents de la PMI, médecins ou puériculteurs, se rendent dans les structures pour vérifier l'état du bâtiment, les normes de sécurité, les projets, la qualification et l'entente de l'équipe. De leur avis dépend l'ouverture ou la fermeture d'un lieu d'accueil. La majorité du temps, les visites de contrôle sont annoncées, laissant le temps aux équipes de s'y préparer. En général, ces interventions font suite à des signalements de parents ou de salariés, lors de situations conflictuelles ou d'incidents. La méthode est critiquée par de nombreux professionnels qui craignent que des choses soient dissimulées. Plusieurs salariées nous ont raconté le branle-bas de combat avant une visite : il faut ranger, afficher les informations obligatoires qui n'étaient pas encore au mur, s'assurer que le personnel est présent en nombre suffisant. Bref : présenter une belle vitrine.

Dans le Grand Lyon, la PMI a fort à faire : elle doit suivre plus de 650 crèches totalisant 15 500 places, réparties sur un territoire d'un million et demi d'habitants. Chaque année, une vingtaine de nouveaux établissements ouvrent leurs portes. Rien qu'en 2021, par exemple, 17 nouvelles crèches ont vu le jour, dont 16 privées. Dans cette ville, le secteur marchand est passé de 10 % à près de 30 % des places en moins de dix ans. Un rythme soutenu que la PMI a du mal à suivre, faute d'effectifs suffisants : une trentaine de postes de médecins ou d'infirmiers puériculteurs sont vacants.

De son bureau, Lucie Vacher ne peut que constater la montée en puissance du privé, laquelle inquiète cette élue de gauche. « *On observe que les dysfonctionnements sont plus fréquents dans les micro-crèches privées, par exemple. À partir du moment où la rentabilité est au centre, on perd de vue l'enfant* », admet-elle. Mais les élus locaux ont peu de prise sur ces grandes évolutions : « *On ne peut pas refuser une ouverture si la crèche remplit les critères de la PMI.* »

En Lorraine, Marie-Christine Colombo a été médecin-chef de la PMI de Meurthe-et-Moselle pendant des années. Elle fait le même constat : au fil des ans, les missions des PMI se sont accumulées. À la tête de son service, elle assurait le suivi de santé et le développement des enfants, accompagnait leurs parents, faisait de la prévention. La surveillance des crèches n'était pas la priorité. « *Historiquement, les premières crèches se sont développées en milieu hospitalier avec une forte connotation sanitaire, et des infirmières* », nous rappelle-t-elle. Puis sont venues les crèches associatives ou parentales. Mais depuis les années 2000, les crèches privées se sont développées.

« *Dans mon travail, j'ai dû lutter contre l'inventivité des franchises de micro-crèches* », se souvient-elle. Pour bénéficier des règles plus souples qui s'appliquent à ces petites structures, certains groupes n'hésitent pas à en installer deux côte à côte, tout en en partageant le personnel et le matériel. « *C'était un moyen de contourner les règles qui limitent le nombre d'enfants par crèche* », détaille Marie-Christine Colombo, aujourd'hui vice-présidente du Syndicat national des médecins de PMI. Lors des contrôles, il fallait surveiller la sécurité des lieux, l'hygiène, les activités proposées. Analyser en quelques heures les conditions de travail et l'ambiance entre les salariées. « *Il ne faut pas se le cacher : avec le manque de personnel, les structures sont sous pression* », alerte la médecin. La PMI elle-même est maltraitée. Les services sont débordés et en sous-effectif.

Alors qu'ils sont censés anticiper les problèmes dans les crèches, les agents des PMI sont eux-mêmes en souffrance. En 2020, Charles Eury a enquêté sur la qualité de vie au travail dans les PMI, pour le compte de l'Agence des nouvelles interventions sociales et de santé (Aniss), spécialisée dans la santé publique. Aujourd'hui, cet infirmier puériculteur et ancien directeur de crèche suit une trentaine de PMI, sur tout le territoire, en tant que chef du projet « Petits pas, grands pas » qui vise à améliorer les actions de prévention. Lors de notre interview, il est en transit entre Alençon en Normandie et Montpellier.

Son premier constat est alarmant : dans les PMI, « *on est toujours en train de parer à l'urgence. Les pros emmagasinent et cela devient difficile à vivre* ». Pas le temps de se poser, d'échanger avec les collègues, de prendre du recul sur les situations délicates. Sans parler des salaires trop faibles. Lors de son enquête, sur 707 répondants, les deux tiers – essentiellement des infirmières puéricultrices – ont pointé du doigt un mauvais management. Dans certains départements, la PMI n'a même plus de service central et tout est « territorialisé », c'est-à-dire que des agents isolés ont en charge des missions de PMI. *« Les objectifs de la PMI ne sont pas clairs, voire quasiment inexistants »*, regrette Charles Eury.

Dans ce contexte, les contrôles des crèches passent au second plan. Selon l'Igas, près d'un quart des PMI ayant répondu à son enquête d'avril 2023 déclarent n'avoir aucun poste à temps plein en charge du contrôle des crèches. En 2020, moins de 10 % des établissements d'accueil du jeune enfant étaient contrôlés chaque année. Les crèches, un paquebot sans pilote ?

Pour tenter de nous faire une idée, nous avons contacté plus de 50 PMI afin de consulter les rapports de visite et interviewer leurs responsables. Certains services ne nous répondront jamais, au motif que la transmission pourrait *« porter préjudice aux établissements mentionnés »*. Porter préjudice. L'argument a de quoi surprendre lorsqu'on parle d'enfants en bas âge et de leur sécurité dans des structures d'accueil.

Huit services de PMI ont finalement accepté de nous transmettre quelques éléments. Certains ont biffé les noms des crèches dans les documents, ce qui leur a pris un temps fou ; d'autres nous ont renvoyé les documents sans rien occulter. Le degré de transparence est au bon vouloir des départements. Ces informations méritent pourtant d'être rendues publiques. Même les parents ayant signalé des difficultés ne sont pas forcément informés des suites données.

La lecture des comptes rendus de visite donne à voir une administration à la fois tatillonne sur certains points techniques et presque aveugle sur d'autres. Parfois ses techniciens doivent valider une augmentation du nombre de places, recadrer lorsque les repas ne sont pas assez variés ou adaptés, vérifier le fonctionnement des barrières de sécurité. Cela peut aller de choses rapides à régler comme « *enlever l'arbuste à boules rouges potentiellement toxiques* » ou les orties dans le jardinet, à des situations plus complexes comme « *réparer les fuites d'eau* » ou un chauffage en panne, « *installer des antipinces-doigts* », « *ne pas laisser de produits d'entretien à portée des enfants* » ou « *mettre aux normes l'électricité* ». Dans le pire des cas, les agents peuvent signaler des maltraitances. Le spectre est très large, la grille de questions pas toujours adaptée aux situations les plus critiques. Le rapport de l'Igas regrettait à ce sujet que le travail de la PMI « *se concentre presque exclusivement sur les questions d'hygiène et de sécurité* » et appelait à un « *changement de culture* » pour se recentrer sur le contrôle de la qualité de l'accueil.

Nous avons notamment pu consulter des comptes rendus de visites dans le département de la Manche. Leur lecture révèle par exemple les insuffisances d'une crèche municipale de la ville de Saint-Lô. Les locaux sont *« vétustes »* et la surface *« insuffisante par rapport au nombre d'enfants accueillis »*. Les travaux *« lourds et coûteux »* n'ont pas été engagés car la crèche va fermer. Un nouveau pôle doit être construit. Le médecin qui se rend sur place en mai 2019 émet donc logiquement un avis réservé sur la poursuite d'activité de la crèche.

Nous avons aussi consulté un questionnaire rempli par la PMI de la Charente à la demande de l'État. Cette zone, rurale, compte 65 crèches, dont 45 publiques. Dans ce document, on apprend que la PMI s'inquiète de situations préoccupantes et de la souffrance des équipes face au *« turnover dans certaines micro-crèches privées »* et de *« l'instabilité pour les enfants »* en particulier.

Contacté, Philippe Durand, le directeur général adjoint en charge des politiques de solidarité du département de la Charente, évoque un contexte de crise des vocations. À ses côtés, Anne-Lise Savart, la conseillère technique du cabinet au département souligne que le territoire est – pour le moment – resté à l'écart des grands groupes. Certaines franchises arrivent, mais le phénomène est récent. Une filiale du groupe Léa & Léo vient de racheter 4 micro-crèches. *« Cette franchise a des logiques économiques fortes et nous a par exemple sollicités pour intégrer les apprentis dans le taux d'encadrement des enfants »*, explique-t-elle.

Les signalements graves sont rares. Un seul en 2022.

« Ce qui revient en général, ce sont des comportements éducatifs inadaptés, peu de signalements de maltraitances physiques graves », nous explique Philippe Durand. *« En plus de cinq ans, à aucun moment nous n'avons eu à fermer d'établissement suite à des dysfonctionnements. »* Il arrive quand même que le département hausse un peu le ton. Comme en 2019, lorsqu'il a demandé à une crèche publique de se mettre aux normes afin de *« protéger les tuyaux de chauffage qui sont à portée des enfants pour éviter tout risque de brûlure et de pendaison »* ou encore de *« remplacer les trois vitres cassées dans la salle d'activité »*. La plupart de ces problèmes seront réglés lors du contrôle suivant.

Pour le moment, les moyens de la PMI de la Charente sont limités. Avec un seul équivalent temps plein en charge de ce suivi, le service ne peut pas prendre les devants. *« Quand on procède à un contrôle après un signalement de dysfonctionnement, on arrive déjà un peu après la bataille »*, explique Anne-Lise Savart, la conseillère technique du cabinet au département, qui annonce une augmentation prochaine des moyens de la PMI. *« L'idée est de renforcer la prévention pour ne pas arriver à des situations graves. »*

« La PMI, c'est le parent pauvre », s'emporte la députée Michèle Peyron. Dans son bureau, elle a pris soin de placarder son affiche de campagne aux côtés d'Emmanuel Macron, lors des législatives de 2017. À cinquante-six ans, elle est devenue députée de la 9e circonscription de Seine-et-Marne. Un grand écart pour cette femme qui travaillait

dans le secteur privé du bâtiment, à l'origine. En 2019, après six mois de travail, elle a rendu public un rapport parlementaire sur ce sujet. Le titre annonçait la couleur : « Pour sauver la PMI, agissons maintenant ! »

Sur le terrain, la députée s'est retrouvée au chevet des professionnels des PMI. *« J'ai rencontré des personnes en souffrance »*, se souvient-elle. Elle évoque des *« iniquités incroyables entre les départements »* et découvre le manque de moyens des services, même dans les collectivités réputées riches. La dévalorisation du métier et des salaires freine les vocations. *« Les médecins de PMI gagnent* peanuts », poursuit-elle.

Tout au long des pages, elle alerte sur la situation : la PMI vit une crise majeure et a été *« négligée par l'État et par l'Assurance maladie »*, lit-on. *« Sans un réinvestissement fort par les pouvoirs publics, la PMI sera en voie d'extinction dans la moitié des départements d'ici à dix ans »*, constate le rapport. De l'argent a été réinjecté en urgence mais, depuis 2018, c'est le statut quo, explique-t-elle.

La députée se garde bien de jeter l'opprobre sur les crèches privées. *« Il y en a de très bonnes »*, assure-t-elle. Mais les mauvais élèves doivent disparaître, selon elle, grâce à un renforcement des contrôles. *« L'État a abandonné les PMI. Maintenant, le travail est gigantesque. »*

13

De l'argent et des bras

Depuis des mois, le privé se défend d'être le seul responsable des dysfonctionnements massifs dans les crèches françaises. Tous ses acteurs disent être pris en étau entre la pénurie de personnel et un mode de financement aux effets délétères.

En un mot : les pouvoirs publics sont accusés d'avoir mal planifié les besoins du secteur et d'avoir mis en place un système de facturation à l'heure ravageur, à l'instar de la tarification à l'acte pour les hôpitaux. Même les acteurs publics et associatifs en subissent les conséquences.

Depuis vingt ans, Flavie Gloor est aux premières loges. À la rentrée 2022, pour la première fois de sa carrière, cette directrice de l'Institut de formation d'auxiliaires de puériculture (Ifap) de Châtenay-Malabry, dans les Hauts-de-Seine, n'a pas réussi à aligner une promotion complète. L'institut, gratuit et rattaché à l'Éducation nationale, a écumé toute la liste d'attente, sans parvenir à compléter sa classe. Un signe alarmant, selon elle, qui a été infirmière puéricultrice pendant des années. À ses plus belles heures, l'école recevait jusqu'à 500 candidatures d'étudiantes. Moins d'une centaine cette année. Entre les dossiers recalés et ceux qui changent d'orientation, le vivier est de plus en plus mince.

Et encore, l'école de Châtenay-Malabry n'est pas la moins bien lotie. En Île-de-France, le taux de remplissage moyen de ces instituts de formation est de 74 % seulement. Autrement dit : un quart des places proposées ne sont pas prises par les étudiantes. Un établissement des Yvelines est même resté aux deux tiers vide cette année. *« On n'arrive plus à remplir les formations existantes »*, résume Flavie. Alors en augmenter le nombre pour créer 200 000 nouvelles places d'accueil pour jeunes enfants, comme le souhaite le gouvernement, *« ça me paraît très difficile »*, estime-t-elle.

Si les étudiants boudent la filière, ce n'est certainement pas par peur du chômage. Les crèches manquent de professionnels. À Châtenay-Malabry, Flavie reçoit des offres d'emploi et de stages qu'elle doit même *« jeter à la poubelle »* tellement elle croule sous les sollicitations. Une étude de la Cnaf publiée en juillet 2022 estimait que près de 9 000 postes auprès d'enfants n'étaient pas pourvus. Cette pénurie provoque la fermeture de presque 10 000 places d'accueil. Une crèche sur deux déclare avoir au moins un poste vacant. Les auxiliaires de puériculture en particulier, un poste clef dans l'accueil des enfants, sont devenues une denrée rare.

Le phénomène est difficile à dater. Le flux d'étudiants s'est tari progressivement, avec une accélération depuis la crise du Covid. Le secteur est même devenu *« un repoussoir »*, n'hésite pas à lancer Flavie Gloor. La désillusion est courante chez ses anciennes étudiantes. *« Elles arrivent avec une vision un peu idéalisée de leur métier et elles se rendent compte qu'il manque la moitié du personnel, que le turnover est constant... Tout cela se sait et arrive aux oreilles de nos futures étudiantes qui décident souvent de fuir. »*

Sans parler des salaires très bas, des difficultés pour se loger en Île-de-France avec un Smic, des temps de trajet interminables. *« La réalité, c'est que nos anciennes élèves regardent presque uniquement le salaire. Si une crèche propose 100 euros de plus, elles y vont et on les comprend bien »*, explique Flavie. Marginale il y a encore quelques années, la signature de contrats d'intérim, beaucoup mieux rémunérés, est devenue un premier choix pour beaucoup. *« Il y a même des agences d'intérim qui proposent des CDI. Le calcul est vite fait. »* Sur le terrain, les enfants font les frais de ce nomadisme généralisé et voient défiler les professionnelles. Rares sont les crèches avec une équipe stable plus d'un an ou deux.

Faute de pouvoir créer des nouveaux diplômés d'un coup de baguette magique, le gouvernement a trouvé un pansement à appliquer en urgence. Un décret publié en août 2022 valide le recrutement de personnel non qualifié dans les crèches. En théorie, ces recrues doivent bénéficier de 120 heures de formation administrées en interne par leur employeur. Mais la mesure a fait grincer des dents la majorité des professionnelles qui y voient une dévalorisation de leur métier. « *On a encore cette idée que n'importe qui peut travailler en crèche, c'est extrêmement méprisant* », fustige Émilie Philippe, une porte-parole du collectif Pas de bébés à la consigne. Le dispositif est en tout cas loin de convaincre Flavie Gloor : « *Je n'y crois pas du tout. Comment former une collègue quand tout le monde est déjà sous l'eau ?* s'interroge-t-elle. *Rien ne remplace une vraie formation complète.* »

En parallèle, pour résoudre cette pénurie de personnel, le gouvernement a aussi lancé en 2021 un Comité de filière petite enfance, qui rassemble l'ensemble des acteurs du secteur. Une grande machine à concerter présidée par Élisabeth Laithier, longtemps chargée de ce sujet à l'Association des maires de France. Elle tempère la situation : les formations d'éducateurs du jeune enfant font le plein et manquent de places, à l'inverse des instituts d'auxiliaires de puériculture. « *Mais le point commun à toutes les formations, c'est le manque d'attractivité* », résume cette ancienne élue de la ville de Nancy.

Pour redorer l'image de la filière, le gouvernement a lancé une campagne de communication à 2 millions d'euros. Les spots publicitaires ont été diffusés trois jours après le rapport au vitriol de l'Igas. Mauvais timing, pour ne pas dire un plantage. « *La campagne est passée inaperçue* », admet Élisabeth Laithier.

Le message n'a pas pris, les professionnelles des crèches attendent surtout une hausse de salaire. *« On ne peut plus continuer à payer au Smic ces travailleuses qui exercent des métiers à haute responsabilité »*, prévient la présidente du comité de filière. Reste à trouver l'argent. Les communes sont déjà exsangues et l'idée de faire payer davantage les familles n'est pas une option. Sans une enveloppe publique supplémentaire, une hausse globale des salaires resterait une douce illusion. Fin juin 2023, Jean-Christophe Combe, encore ministre des Solidarités, de l'Autonomie et des Personnes handicapées pour quelques jours, a annoncé une enveloppe de 200 millions d'euros par an pour accompagner les hausses de salaires. À condition que les syndicats et les gestionnaires se mettent d'accord pour harmoniser et revaloriser les grilles salariales. *« Ce n'est pas pour demain*, nuance Élisabeth Laithier. *Je comprends l'impatience mais il faut des paliers. »*

Au fil des ans, le sujet de la pénurie de personnel est devenu une sorte de totem d'immunité des groupes de crèches. Un argument expliquant aussi bien la valse des professionnelles dans certaines crèches que le non-respect ponctuel des taux d'encadrement. Pour recruter et fidéliser leurs employés, les crèches auraient pourtant la possibilité d'augmenter les salaires. C'est ce qu'a fini par faire le groupe La Maison Bleue en 2022, avec une augmentation moyenne de 10 % de la rémunération de ses salariés.

Mais, dans un contexte d'inflation rapide, cette hausse reste bien modeste. *« Nos recettes ne sont pas extensibles »*, justifie Elsa Hervy de la Fédération française des entreprises de crèches. Pour la porte-parole du secteur commercial, ce sont bien les pouvoirs publics qui ont contribué à la situation actuelle en tirant les prix vers le bas et en ne subventionnant pas les crèches à leur juste prix.

La création de 200 000 places d'accueil d'ici à 2030 paraît alors intenable pour les professionnels. La Fédération des établissements hospitaliers et d'aide à la personne privés non lucratifs (Fehap), qui représente les crèches associatives, a aussitôt dénoncé une annonce *« déconnectée de la réalité du terrain »*, tandis que la Fédération nationale des éducateurs·trices de jeunes enfants (Fneje) déplore une *« politique de l'offre »*. Jouant la diplomatie, Elsa Hervy, porte-parole de la fédération des crèches privées, aurait préféré que le gouvernement réponde à la crise des recrutements avant de fixer un tel cap. *« Construire une crèche, nos entreprises sont capables de le faire en moins de six mois. C'est beaucoup plus long de trouver et de former du personnel »*, détaille-t-elle. *« Il ne faut pas promettre du rêve »*, regrette également Élisabeth Laithier, pourtant nommée par le gouvernement.

Des grands groupes privés se sont mis à développer leur propre école. La Maison Bleue a noué un partenariat avec l'Ifac, Institut de formation, d'animation et de conseil, dès 2012, pour ouvrir une école d'auxiliaires de puériculture dans les Yvelines. En 2017, Babilou a repris l'École centrale de puériculture Paul-Strauss, à Paris, un établissement historique dans ce domaine, qui forme chaque année près de 200 professionnels.

L'autre argument phare des entreprises de crèche est le mode de financement mis en place par les pouvoirs publics, qui serait à l'origine des logiques de rentabilité et de course au remplissage. Dans leur viseur : la Prestation de service unique (PSU), la principale subvention de fonctionnement accordée par la CAF aux crèches, aussi bien privées que publiques ou associatives. Cette aide vitale pour les gestionnaires couvre environ 35 % du coût de fonctionnement. Elle est accordée à condition que les crèches modulent leurs tarifs en fonction des revenus des familles.

La grande majorité de nos interlocuteurs s'accordent sur ce point : la PSU, créée en 2002, a entraîné une série d'effets pervers dans les crèches. Pour comprendre, quelques explications s'imposent. Avant la PSU, et surtout avant la réforme de 2014, la participation financière des familles et les subventions de la CAF étaient calculées sur la base de « forfaits » à la journée ou à la demi-journée. Mais rares sont les enfants à rester dans la crèche de l'ouverture à la fermeture. Cela revenait donc à facturer des heures non occupées, alors même que des milliers de familles attendent une place de crèche. Impensable pour la Cour des comptes qui pointe ce gaspillage dès 2013. À partir de là, un nouveau modèle s'impose, fondé sur une tarification à l'heure, voire à la demi-heure près. Une évolution majeure souvent comparée à la tarification à l'acte (T2A) à l'hôpital, dont les effets catastrophiques sont aujourd'hui bien documentés.

Désormais, les heures facturées doivent correspondre au plus près aux heures effectivement réalisées. Si un gestionnaire dépasse certains ratios, il peut voir ses financements publics considérablement réduits. En cas d'absence d'un enfant, malade ou arrivé en retard, il est donc incité à en trouver un autre, même pour quelques heures, afin de rester dans les barèmes fixés par la CAF. Des badges électroniques sont même utilisés pour décompter au plus juste le temps de présence des enfants et optimiser le remplissage. Les créneaux les moins occupés, qu'il s'agit donc de remplir, sont en général ceux à l'ouverture ou à la fermeture des crèches. *« Ces enfants magiques qui viennent seulement de 7 heures à 9 heures, ça n'existe pas »*, souligne Élisabeth Laithier. Autrement dit : la CAF demande aux gestionnaires de trouver des enfants « bouche-trous », au planning en pointillé, qui n'existent que rarement.

Si les directeurs de crèche ont aujourd'hui les yeux rivés sur leurs tableurs Excel, la PSU y est pour beaucoup. Le système privilégie une approche très quantitative. Les « bons élèves » sont d'abord ceux qui optimisent au mieux les deniers publics en trouvant des enfants quelques heures seulement pour remplir leur planning. Dans ce système, tout le temps de préparation des activités ou de gestion n'est plus pris en compte dans le financement. À ce petit jeu, les acteurs privés sont souvent parmi les plus zélés. Cette course à la performance touche aussi les structures publiques ou associatives. *« Mais on nous demande plutôt d'être à l'équilibre, tandis qu'une crèche privée doit en plus dégager des profits* », nuance une directrice de crèche municipale, qui a commencé sa carrière au sein d'un grand groupe.

Un système « *fatigant pour les équipes* » et insécurisant pour les entreprises obligées de naviguer à vue mois après mois. Le groupe Babilou estime que la réforme de la PSU en 2014 a contribué à « *réduire les moyens accordés aux gestionnaires et à niveler par le bas le niveau du service rendu* ». Même analyse à La Maison Bleue : « *Quand on entre dans cette logique-là de dire qu'on doit remplir à 100 %, tout le monde y perd* », estime la directrice générale Claire Laot, pour qui la PSU a placé les directrices de crèche « *dans une logique un peu comptable* ». « *Ce n'est pas leur métier* », martèle-t-elle.

Pour une fois, les organisations professionnelles et syndicales sont unanimes. « *L'idée de départ de la PSU, d'être au plus près des besoins des familles, est bonne. Mais on fait comme si une crèche pouvait être remplie à 100 % et que tous les enfants pouvaient arriver à 7 heures et partir à 18 heures. C'est une réalité qui n'existe pas* », surenchérit Julie Marty-Pichon, de la Fneje. C'est la porte ouverte à toutes les dérives. « *Le résultat, c'est que des structures trichent : on va surbooker le cœur de la journée, noter les enfants malades présents, trouver des bouche-trous pour deux heures… C'est un stress permanent pour les structures. Une association ou une entreprise ne peut pas se permettre de perdre 40 000 euros de subventions de la CAF parce qu'elle a dépassé les plafonds.* »

Dans son rapport, l'Igas résume bien l'état d'esprit général : ce mode de financement *« a mis sous tension les établissements, donné aux professionnels le sentiment de s'engager dans une logique de "remplissage" plutôt que d'accompagnement, et a rigidifié les relations avec les familles, pour des résultats modestes en termes d'occupation des structures »*, écrivent les inspecteurs.

Le lobby des crèches milite pour indexer la PSU sur l'inflation. Communiqué après communiqué, la FFEC répète que le niveau du Smic a augmenté de 18 % depuis 2018, alors que la PSU n'a augmenté que de 8,5 % sur la même période. Une forme de *« désengagement »* de l'État, selon Elsa Hervy, qui réclame une revalorisation urgente des subventions publiques. Une mesure portée aussi par la Fehap qui estime que près des trois quarts des crèches associatives parisiennes sont déficitaires à cause de ces subventions publiques trop basses. Une telle mesure entraînerait des coûts majeurs pour l'État. Interviewé fin juin, l'ex-ministre des Solidarités Jean-Christophe Combe l'admettait : *« À court terme, on n'a pas prévu de changer le système. »*

14

Vingt ans de privatisations

Quelle est la date de naissance des crèches privées en France ? Lors de notre plongée dans les archives de presse, une anecdote ressort rapidement. En cette fin d'année 2000, Jean-Emmanuel Rodocanachi vient tout juste de créer Les Petits Chaperons Rouges. Il obtient un rendez-vous dans le bureau de Ségolène Royal. La future candidate à l'élection présidentielle est alors ministre déléguée à la Famille et à l'Enfance du gouvernement Jospin. Quelques mois plus tôt, la majorité socialiste a annoncé un plan d'investissement d'un milliard et demi de francs pour financer la création de 40 000 places de crèche supplémentaires. Il y a urgence : la hausse du taux d'emploi des femmes et le mini baby-boom des années 1990 ont mis en tension les modes de garde. Les familles ont du mal à trouver une solution pour leurs enfants.

Face à ce constat, Jean-Emmanuel Rodocanachi a une solution : développer les entreprises de crèches. Il y croit dur comme fer et veut exposer son projet à la ministre et à la présidente de l'époque de la Cnaf, la « branche famille » de la Sécurité sociale. À l'en croire, l'entretien est concluant : « *Nous les convainquons à l'époque de la nécessité d'ouvrir le secteur, alors exclusivement municipal ou associatif, aux sociétés privées* », explique-t-il dans une interview donnée au magazine *Dynamique entrepreneuriale* en 2020. L'histoire de l'entrepreneur visionnaire, arrivant à convaincre la ministre de mettre fin aux entraves de l'État, est régulièrement reprise dans des articles de presse. Mais elle n'est pas confirmée par Ségolène Royal. « *Non, je ne l'ai pas reçu* », nous assure-t-elle.

« *Ouverture au privé* ». L'expression donne l'impression d'une digue qui s'effondre soudainement, d'un monopole public mis à bas brutalement. En réalité, la montée en puissance du secteur marchand s'est faite par petites touches. Presque sans bruit. Il y a vingt ans, ces petites boîtes se tiraient la bourre. Aujourd'hui, elles représentent un quart des places de crèches. Mais cette explosion du privé n'est pas tombée du ciel. Elle a été facilitée ou tolérée par les responsables politiques successifs.

Revenons au début des années 2000. En cette aube de troisième millénaire, la quasi-totalité des crèches sont encore publiques ou associatives, à financement public. Un héritage de l'histoire. Les premières crèches ont été créées au XIXe siècle à Paris, à l'initiative d'un élu municipal, Firmin Marbeau. Les « berceuses », comme on appelle alors les femmes en charge de l'accueil des enfants, sont là pour mettre en œuvre les principes hygiénistes bourgeois de l'époque et prendre en charge les enfants des familles de la classe ouvrière naissante, comme l'explique Bernadette Moussy, éducatrice et spécialiste de l'histoire de l'éducation. L'enfant n'est pas encore perçu comme un sujet à part entière, avec des besoins et un développement spécifiques. Les bébés sont laissés *« en dépôt »*.

Peu à peu, les crèches vont se multiplier, principalement dans le secteur hospitalier. Les années 30 voient l'émergence des premiers établissements modernes, mettant en pratique les nouvelles connaissances en matière de pédagogie. C'est surtout dans l'après-guerre, dans le sillage de la création de la Sécurité sociale, qu'une politique publique de l'enfance se met en place. La Protection maternelle et infantile sera créée en 1945, suivie du diplôme d'État de puéricultrice en 1947. À partir des années 70, se développe enfin une vision davantage éducative et plus seulement médicale de la petite enfance, avec l'instauration du diplôme d'éducateur de jeunes enfants. Le nombre de crèches augmente principalement sous l'impulsion des communes. Les crèches privées existent mais, peu rentables, elles sont rarissimes.

Tout change à partir de 2003. Pendant le dernier mandat de Jacques Chirac à l'Élysée, le gouvernement Raffarin met 200 millions d'euros sur la table pour lancer à son tour son propre « plan crèches ». L'exercice, qui consiste à annoncer un objectif chiffré spectaculaire presque jamais tenu, est un incontournable de chaque gouvernement. Mais celui-ci a une nouveauté : 40 millions sont réservés aux projets présentés par des entreprises de crèches. La Cnaf valide, malgré les oppositions de la CGT et de FO. Dans l'hémicycle face aux députés de l'Assemblée nationale, le ministre délégué à la Famille, Christian Jacob, fait valoir que la pénurie de places de crèche est *« suffisamment élevée dans notre pays pour que l'on ne se prive d'aucune source de financement »*, explique-t-il.

Pour inciter les entreprises à investir, la droite leur déroule le tapis rouge : les crèches privées pourront désormais être conventionnées par les caisses d'allocations familiales et bénéficier ainsi d'aides à l'investissement et de fonctionnement. Elles pourront notamment toucher la Prestation de service unique (PSU), créée quelques années plus tôt. Le crédit d'impôt famille remboursera la moitié des dépenses de crèche des entreprises réservataires et la dépense sera en partie déductible de l'impôt sur les sociétés.

Vingt ans plus tard, Christian Jacob s'est retiré de la vie politique après avoir présidé le parti Les Républicains jusqu'en 2022. Mais il accepte de sortir de sa retraite pour se plonger dans ses souvenirs *« qui remontent un peu »*. L'ouverture des vannes de l'argent public au secteur marchand ? *« Un choix délibéré et totalement assumé »*, nous explique-t-il. *« Les crèches privées existaient déjà, mais sans aides publiques. On a ouvert les financements aux entreprises »*, résume Christian Jacob. Le ministre de la Famille se souvient d'un représentant CGT, interloqué, lui demandant s'il parlait bien de sociétés à but lucratif : « *Je ne connais pas d'autre sorte d'entreprise* », lui aurait-il répondu. À l'époque, il croise le chemin de Thomas Fabius. Son père n'est autre que Laurent Fabius, l'ancien Premier ministre socialiste sous la présidence de François Mitterrand. Il vient de s'associer avec Christophe Durieux et Odile Broglin pour fonder l'entreprise People&Baby, qu'il quittera deux ans plus tard. « *Il m'a chambré en me disant que c'était un ministre de droite qui allait lui permettre de développer sa boîte* », s'amuse encore l'ancien ministre.

Christian Jacob n'est pas du genre à faire son *mea culpa*. La montée en puissance du secteur privé n'a rien de « *choquant* » à ses yeux. Le rapport de l'Igas sur les maltraitances ? Il ne l'a « *pas vraiment lu* ». Les critiques de l'Inspection générale des finances sur le crédit d'impôt famille, jugé trop généreux ? « *Un rapport de technocrates, infondé.* » À l'écouter, tout semble simple : les Français doivent pouvoir choisir autre chose que « *le tout crèches publiques* » prôné par la gauche. Si le privé crée des places, aidons-le, sans quoi nous resterons avec « *les femmes au foyer* ». Mais l'État doit en revanche veiller à ne pas « *se désengager* » en continuant de financer le secteur pour pouvoir le contrôler et exiger des contreparties en termes de qualité d'accueil. Après tout, le privé « *est souvent beaucoup plus imaginatif* », assure Christian Jacob. Pourquoi s'en passer ?

Au nom des places à créer, les gouvernements successifs ont été la nourrice d'une industrie biberonnée à l'argent public. Certes, une dizaine de « plans crèches » se succèdent depuis vingt ans, permettant la création de près de 150 000 nouvelles places, dont la moitié portée par le privé. Mais à quel prix ?

Une nouvelle étape est franchie sous le mandat de Nicolas Sarkozy à partir de 2007. Dans son programme, le président a promis 200 000 nouvelles places d'accueil d'enfants, tous modes de garde confondus. Sous son impulsion, ses ministres délégués à la Famille, Philippe Bas puis Nadine Morano, se lancent dans une série de mesures tous azimuts censées « assouplir » le secteur.

Dès 2007, Philippe Bas autorise « à titre expérimental » la création de micro-crèches. Un nouveau type d'établissement de très petite taille, 9 enfants au maximum. Les années suivantes, ce seuil passera à 10, puis 12 enfants. Pensé au départ comme une réponse au manque de solutions de garde dans le milieu rural, le dispositif attire rapidement l'attention des acteurs privés. Peu coûteuses à mettre en place, pouvant se loger facilement en pied d'immeuble, les micro-crèches bénéficient de dérogations qui les rendent attractives pour des entrepreneurs qui souhaitent se lancer.

En 2010, un décret signé par Nadine Morano accentue la casse. Le texte permet aux crèches d'accueillir des enfants en surnombre, jusqu'à 20 % au-delà de leurs effectifs. Il réduit la part obligatoire de personnels dits

« diplômés ». Le décret Morano provoque une vague de mobilisation sans précédent dans le secteur de la petite enfance. En mars 2010, près de 10 000 professionnelles manifestent à Paris. Un collectif, baptisé « Pas de bébés à la consigne », voit le jour et centralise la contestation. Émilie Philippe, l'une des représentantes du collectif, se souvient de cette période comme d'une *« série de dégradations »* des conditions de travail. *« Et encore, on a échappé au pire »*, souffle-t-elle, en évoquant le rapport de la députée UMP Michèle Tabarot, commandé par Nicolas Sarkozy, qui proposait un taux d'encadrement de 1 professionnel pour 9 enfants. Une proposition finalement abandonnée. *« C'était une vision purement quantitative. Sans tenir compte des connaissances scientifiques récentes qui montrent clairement l'importance d'aller vers un meilleur taux d'encadrement pour l'enfant. »*

Mais le gouvernement ne lâche pas le morceau. Le décret passe. Aujourd'hui députée européenne, Nadine Morano minimise la contestation de l'époque : *« C'était ridicule. Je n'ai pas pondu un décret pour le plaisir, ça correspondait à un besoin »*, assure-t-elle. Au téléphone, l'ancienne ministre s'interrompt un instant. Sur internet, elle fait une rapide recherche « Morano et crèches » pour se remettre en tête son action de l'époque. *« Le taux d'occupation des crèches était souvent faible, en dessous de 70 %. L'objectif était d'optimiser »*, se remémore-t-elle. Le mythe d'un remplissage à 100 % des crèches fait fantasmer les responsables politiques.

Le retour de la gauche au pouvoir en 2012 suscite de grands espoirs chez une partie des professionnelles. Quelques mois après l'élection de François Hollande, la nouvelle ministre de la Famille, Dominique Bertinotti, annonce au micro de France Inter l'abrogation imminente du décret Morano qui avait *« contribué à dégrader la qualité du service »*. En réaction, Nadine Morano dénonce une décision *« purement idéologique »*. Mais les mois passent, puis les années… Et puis rien. Le décret ne sera jamais supprimé ni remplacé.

Pourquoi ce renoncement ? Dominique Bertinotti, que nous avons cherché à joindre, ne nous a pas répondu. Mais sa successeure à partir de 2014, Laurence Rossignol, avance une explication : *« Pendant le quinquennat de François Hollande, Bercy a étranglé tout le monde au nom de la lutte contre les déficits. D'un certain point de vue, l'existence des places de crèche privées nous arrangeait »*, explique la sénatrice (PS) de l'Oise. Alors que la branche famille de la Sécurité sociale est sommée de faire des milliards d'euros d'économies, revenir sur les « assouplissements » des années précédentes reviendrait à augmenter le coût des crèches. La gauche ne remettra pas non plus en cause les incitations fiscales généreuses à destination du privé. *« Je pense qu'on s'est défaussé sur le secteur privé lucratif. L'État a sous-traité et a payé pour sous-traiter, parce qu'il ne voulait pas ou ne pouvait pas faire lui-même »*, estime Laurence Rossignol.

Le mandat de François Hollande est aussi marqué par la réforme de la PSU, le principal outil de financement des crèches. En 2014, une circulaire durcit considérablement ce dispositif, géré par les CAF depuis 2002, passant d'un forfait à la journée à une facturation à l'heure. Des badges électroniques sont installés pour décompter au plus juste le temps de présence des enfants et optimiser le remplissage. Le matin, les enfants pointent avant même de dire bonjour aux puéricultrices.

Avec l'élection d'Emmanuel Macron en 2017, les « assouplissements » continuent. La réforme des modes d'accueil, dite « NORMA », portée par le ministre Adrien Taquet, vise à « simplifier » les règles applicables aux crèches. La capacité d'accueil des micro-crèches passe de 10 à 12 enfants et le calcul du taux d'encadrement est modifié, en permettant aux gestionnaires d'avoir 1 professionnel pour 6 enfants, tous âges confondus. L'ère Macron est aussi marquée par l'entrée en vigueur d'un décret d'août 2022 actant le recrutement de personnel non qualifié, pour donner une soupape aux gestionnaires en manque de main-d'œuvre.

Mais l'année 2022 a été un point de bascule après le drame de Lyon. La question des crèches entre dans le débat public. En avril 2023, le député William Martinet (La France insoumise) propose même de lancer une commission d'enquête parlementaire centrée sur les entreprises de crèches *« pour éviter un Orpea de la petite enfance »*. Le député concentre ses critiques sur les dérives du secteur commercial. Dans ses interventions, il dénonce les ravages de « *l'argent roi* » et de la « *financiarisation* » de la petite enfance. Face à ce type d'accusations, les entreprises du secteur privé contre-attaquent. Emmenées par Les Petits Chaperons Rouges, elles publient une tribune dans *Le Figaro* aux airs de programme politique, réclamant de faire de la crèche « *une grande cause nationale* ». Tout en plaidant pour « *ralentir l'ouverture de nouvelles places* », au moins jusqu'en 2024, le temps de former de nouveaux professionnels. Comme pour rappeler au gouvernement la bonne voie à prendre.

15

Épilogue

Dans le salon du ministère, on passe le temps en regardant les grands monuments de Paris, les Invalides ou le Grand Palais. Tout n'est que beige, des sofas aux tapis, agrémenté de plantes d'intérieur géantes. *« C'est une journée d'urgences »*, s'excuse la conseillère de Jean-Christophe Combe en venant nous chercher. Ce 27 juin 2023, nous aurons droit à vingt minutes d'interview avec le ministre des Solidarités, de l'Autonomie et des Personnes handicapées. Nous sommes sur le point de terminer notre livre, et nous nous sommes forgé une conviction : les crèches privées ont bénéficié d'une grande complaisance de la part des pouvoirs publics, aveuglés par la promesse de milliers de places créées et le redoutable marketing de ces entreprises. En entrant dans le bureau du ministre, nous espérons une prise de position forte.

Jean-Christophe Combe s'installe dans son fauteuil. Le ton est détendu, mais le sujet est brûlant. Il doit d'ailleurs être auditionné l'après-midi même au Sénat sur le futur service public de la petite enfance, qui doit désigner les communes comme « autorités organisatrices ». Nommé en juillet 2022, il est arrivé avenue Duquesne deux semaines après le décès de l'enfant à Lyon dans une crèche People&Baby. Le drame a forcé les responsables politiques à se pencher enfin sur l'état catastrophique des crèches françaises.

Un an après, il s'apprête à dévoiler son plan d'urgence : provisionner 200 millions d'euros par an pour revaloriser les salaires, imposer la présence de 2 adultes en micro-crèche au lieu de 1 parfois, aller vers un taux d'encadrement de 1 adulte pour 5 enfants, mettre en place des contrôles plus fréquents et installer un observatoire de la qualité de vie et des conditions de travail. Des annonces qui vont *« enfin dans le bon sens après des années de déréglementations successives »*, réagit le Syndicat national des professionnel·le·s de la petite enfance.

Jean-Christophe Combe assure ne pas être surpris par les révélations de ces derniers mois ni par les résultats du rapport de l'Igas qu'il a commandé dès son arrivée au ministère. Il a été *« choqué »* par certains témoignages, mais ne découvre pas les dysfonctionnements. Il les avait déjà constatés lorsqu'il dirigeait la Croix-Rouge française, qui pilote une soixantaine de crèches. *« C'est une lente dégradation du secteur, plusieurs années de perte d'attractivité des métiers*, regrette-t-il. *C'est une sorte de cercle vicieux qui s'est mis en place. »*

Pour expliquer l'ampleur de la crise, le ministre ne tourne pas autour du pot. *« On a voulu faire du chiffre, développer le nombre de places, de façon légitime parce que c'était la demande des parents, mais sans doute en ne l'organisant pas, en n'étant pas assez exigeant* », lâche-t-il. On lui fait remarquer que, quelques semaines plus tôt, le gouvernement a pourtant annoncé sa volonté de créer 200 000 places d'accueil supplémentaires, en crèche ou auprès d'assistantes maternelles, d'ici à 2030. Rien de contradictoire, estime Jean-Christophe Combe, qui souhaite en parallèle « *remettre de l'ordre* » et « *stabiliser* » le secteur.

Il l'assure, la priorité sera de travailler sur les diplômes et les taux d'encadrement dans les crèches, pour « *tendre progressivement* » vers 1 adulte pour 5 enfants en moyenne. Une mesure réclamée de longue date par les organisations professionnelles. « *Que ce soit pour les crèches ou le secteur des personnes âgées : je considère que du taux d'encadrement dépend la qualité d'accompagnement* », analyse-t-il. Ces nouveautés devront s'accompagner de plus de contrôles. « *Il faut qu'on soit plus sévère quand ce n'est pas respecté, qu'on trouve des moyens pour que certains opérateurs ne contournent pas cette question d'une façon ou d'une autre* », poursuit-il.

Mais pas question de jeter l'opprobre sur le privé. Le ministre souhaite plutôt rappeler les règles. « *Il faut qu'on soit clair sur la raison d'être de ces opérateurs : c'est d'abord l'accompagnement et le développement, le bien-être des enfants et des collaborateurs, et la qualité de vie au travail avant la rémunération d'actionnaires* », rappelle-t-il. Pas question non plus de modifier la PSU, cette subvention si décriée par les professionnels. « *Je n'ai pas prévu à court terme de revoir le mode de financement*, reconnaît-il. *Ça entraîne des conséquences financières* », admet le ministre.

Le lobby des crèches a fait savoir qu'il n'aimait pas bien les termes de « *service public* » de la petite enfance et préférait ceux de « *service universel* », moins excluant pour le secteur commercial. Le gouvernement l'a rassuré : les entreprises de crèches seront pleinement intégrées dans ce projet, mais avec des conditions plus sévères, assure Jean-Christophe Combe. « *On va fortement encadrer l'exercice, donc je pense que la lucrativité du secteur va être très limitée au regard des exigences qu'on va porter* », promet-il avant de s'éclipser.

Nous ressortons mitigés de cette interview. Les solutions proposées par le gouvernement ressemblent plus à des rustines pour prolonger un système à bout de souffle qu'à la grande remise à plat attendue. Les centaines de millions d'euros d'argent public débloqués pour revaloriser les salaires ou créer de nouvelles places bénéficieront immanquablement au secteur privé. Mais cette nouvelle manne sera-t-elle utilisée pour réduire la pression qui pèse sur les professionnelles dans les crèches, ou bien viendra-t-elle encore renforcer la place de ces entreprises dans le secteur ? Au-delà de ces annonces, un débat plus philosophique reste en suspens : peut-on faire commerce des crèches ? Oui, si cette industrie est bien encadrée, a tranché le gouvernement. Mais Jean-Christophe Combe ne sera plus là pour le vérifier. Un mois après cet entretien, il doit quitter le gouvernement d'Élisabeth Borne lors d'un remaniement ministériel, remplacé par Aurore Bergé, la présidente du groupe Renaissance à l'Assemblée nationale. Il ne sera resté qu'un an en place.

Nous repensons alors à Cassandra, qui voyait des dollars au-dessus de la tête des enfants de sa crèche. À Clémentine, qui regrettait d'avoir *« fermé les yeux »* sur les pratiques de son ancien employeur. À Anthony, vidé par son passage dans une *« usine »* à bébés. Et à tous ces autres professionnels qui n'ont pas trouvé la force d'aller au bout de leur témoignage, par peur des conséquences ou par sentiment d'impuissance. Beaucoup ont déjà claqué la porte de ce système devenu fou. Nous repensons surtout à tous ces enfants pris dans des cadences infernales, victimes de logiques qui les dépassent. Réduits à l'état de produits financiers dès les premiers mois de leur existence. Les adultes de demain méritent mieux.

Table

RÉALISATION : NORD COMPO À VILLENEUVE-D'ASCQ
IMPRESSION : CPI FRANCE
DÉPÔT LÉGAL : SEPTEMBRE 2023. N° 153498 (174856)
Imprimé en France